知的生きかた文庫

読めば読むほどおもしろい 鉄道の雑学

浅井建爾

三笠書房

はじめに

鉄道にまつわる素朴なギモンが解ける本！

明治の初めに鉄道が登場して以来、日本の鉄道は目覚ましい発達を遂げてきた。煙を噴き上げながらゆっくり走る蒸気機関車から、今日のような超高速で走る新幹線の時代になるまで、日本の鉄道はどのように発達してきたのか、その経緯を知ることは大変有意義なことである。鉄道の発達とともに日本の経済は大きく成長してきたが、今では人々の生活の足として、産業発展の原動力として、鉄道は欠くことのできない存在になっている。

通勤や通学、買い物などで、特に気に留めないで鉄道を利用している人が多いと思うが、日本の鉄道を見つめ直してみると、さまざまな疑問が湧いてくるのではないだろうか。たとえば、なぜアメリカの鉄道は右側通行なのに、日本では左側通行なのだろう。

そのほか、東京の都心を環状運転している山手線に「上り」と「下り」はあるのだろうか、山手線を一周して乗車した駅で下車した時の運賃はいくらになるだろうか、品川駅の南側にどうして北品川駅があるのだろう、東京メトロより都営地下鉄の運賃が高いのはどうしてなのか、同じ都営地下鉄なのに路線によってレールの幅が異なっているのはなぜか、地下鉄の車両はどこから地下へ入れるのだろう、都会を走っている鉄道は超過密ダイヤで運行されているのに、なぜ追突事故を起こさないのだろう、後続の列車が遅れたら、なぜ先行する列車までも停車しなければならないのだろう、乗車券を紛失してしまったらどうすればよいだろうかなど、素朴な疑問はいくらでもある。

誰でも知っていそうなことを今さら聞くのもしゃくだし、恥になるのでためらってしまうという人はきっと多いはず。そんな人に読んでいただきたいのが本書である。日ごろ抱いていると思われる素朴な疑問を分かりやすく読み解いてみた。鉄道は知れば知るほど面白いものだし、興味が尽きることはない。きっと、もっと鉄道のことを知りたくなるに違いない。

本書がそのきっかけになれば、著者としてこれ以上の喜びはない。

浅井建爾

もくじ

第1章 鉄道発祥の地の新橋駅は、なぜ地下に眠っているの？

鉄道の歴史　おもしろ雑学

第2章 関東と関西、私鉄の線路のレール幅が違うのはなぜ？

鉄道の路線　おもしろ雑学

第3章 地下鉄の車両は、どこから地下へ入れるのか？

地下鉄の謎 おもしろ雑学

第4章 発着本数が日本一多いホームはどこ？

駅と駅名の謎 おもしろ雑学

第5章 山手線を一周して、乗車した駅で下車したときの運賃は？

列車と運行システム　おもしろ雑学

第6章 列車の混雑率と乗車率はどうちがう？

鉄道用語の謎 おもしろ雑学

編集協力／寺島豊（安曇出版）
本文ＤＴＰ／フォレスト

第1章

鉄道発祥の地の新橋駅は、なぜ地下に眠っているの？

鉄道の歴史　おもしろ雑学

1 日本で初めて走った鉄道は、アメリカ製ではなく、なぜイギリス製？

日本に初めて鉄道が走ったのは、1872（明治5）年9月12日（新暦10月14日）、新橋（後の汐留《しおどめ》貨物駅）―横浜（現桜木町駅）間の29㎞であった。

その19年前の1853年、アメリカの東インド艦隊司令官ペリーが4隻の黒船を率いて浦賀に入港、翌年に再び来航し、日米和親条約を締結させた。この2度目の来航の際、ペリーが持参した幕府への献上品の中に、模型の蒸気機関車があった。模型とはいえ実物の4分の1の大きさである。動力で走る乗り物が何もなかった時代、幕府の役人たちの目の前で、これまで見たこともないような速さで疾走したのだから、役人たちの驚きは想像を絶するものだっただろう。

この経緯から考えれば、鉄道の技術はアメリカから学び、アメリカの指導の下に鉄道を建設したと考えるのが普通だが、新橋―横浜間を疾走したのは、じつはイギリス製の蒸気機関車で、運転手もイギリス人だった。では、なぜアメリカではなく、イギリスに頼ったのか。アメリカよりイギリスの出した条件のほうが、日本にとって有利だったからである。

そもそも、19世紀中盤に英米をはじめとする列強が東アジアに押し寄せたのは、通商交渉というよりも半植民地化の狙いが大きかった。しかし、日本に対して英米双方で半植民地化の進め方が違っていた。アメリカは、自ら資金と技術力を投入して日本に鉄道を建設させ、見返りとして日本における鉄道建設の権利を手中に収めようとしていたようだ。それに対してイギリスは、鉄道はあくまでも日本政府の手で建設すべきであることを提案し、日本に対して建設資金の援助と技術を提供するにとどめることを主張した。日本の独立国としての地位を尊重したのだ。

欧米列強による植民地化を最も警戒していた日本政府にとって、この有利な条件が決め手になった。日本はそれまで熱心に鉄道建設を勧めてきたアメリカを袖にして、全面的にイギリスの指導を仰いで鉄道を建設することになったのである。アメリカにとってはまさに「鳶《とんび》に油揚げをさらわれる」だったろう。

2

日本で初めての鉄道のレール幅は、なぜ狭軌？

鉄道のレールの幅を「軌間《きかん》」という。正確にいえば、レール上部（頭頂部）の内側と、もう一方のレールの内側の最短距離が軌間である。全世界のおよそ60％の鉄道で採用されている軌間が、１４３５㎜（４フィート８・５インチ）の「標準軌」である。

標準軌より狭い軌間を「狭軌」といい、広い軌間を「広軌《こうき》」という。日本では、新幹線や一部私鉄を除く大半の路線で１０６７㎜（３フィート６インチ）の狭軌が採用されている。そのため、国鉄がＪＲとなる以前では狭軌と呼ばれることは少なく、むしろこれより広い標準軌のことを広軌と呼ぶことがあった。

鉄道を走らせるには、軌間の広いほうが安定性に優れていることはいうまでもない。スピードも出せるので輸送力にも勝る。しかし、いったん採用された軌間を変更（改軌）することは非常に難しい。日本初の鉄道である新橋―横浜間は、１０６７㎜の狭軌だったのである。

鉄道発祥のイギリスでは、19世紀半ばには標準軌が広く普及していた。それなのに、イギリスはなぜ日本の鉄道に狭軌を採用したのか。イギリスは多くの植民地の鉄道を狭軌で建設している。日本も植民地並みの扱いだったということなのだろう。

もっとも、開国したばかりの当時の日本は、植民地並みの扱いをされたとしても仕方のないことだった。財政力は乏しく、建設費を捻出するのも容易ではなかった。しかも日本の地形は複雑である。山が多く、いたるところに川が流れている。架橋《かきょう》するにも、トンネルを掘削《くっさく》するにも多額の建設費が必要だ。イギリスは日本の貧しい国情を考慮して、工期が短く済み、用地も建設費も抑えられる狭軌を採用したのかもしれない。ただし、当時の日本は鉄道の知識を持ち合わせている人物が皆無だったので、イギリスの言われるままにするしか方法はなかったともいえる。

やがて日本の経済が発展してくると、輸送力増強の必要性に迫られ、改軌論《かいきろん》が噴出するようになった。イギリスと鉄道事業の交渉をした大隈重信をはじめ、政府の要人たちが、なぜ安易に狭軌を採用してしまったのかと大いに悔やんだという。

3 西郷隆盛はなぜ、鉄道の建設に反対したのか？

鉄道が日本の近代化にいかに大きな役割を果たしたかは、誰もが認めるところだろう。ところが、鉄道建設に反対した人は想像以上に多く、新橋—横浜間に鉄道を開業させるまでには紆余曲折があった。

ルート沿線の住人は、鉄道の建設に猛然と反対した。得体の知れない大きな黒い鉄の塊が、猛スピードで疾走するというのだから反対するのも無理はない。交通の便がよくなることより、平穏な生活を脅かされたくないという気持ちが強かったのだろう。

ほかにも、蒸気機関車が吐き出す火の粉で火事になる、列車の轟音《ごうおん》や振動に驚いて牛馬が暴れ出す、牛が乳を出さなくなる、鶏が卵を産まなくなる、農作物が育たなくなるなど、さまざまな理由で反対した。宿場では、旅籠《はたご》に泊まる人がいなくなる、馬車や飛脚、人力車などの客が鉄道に奪われる、などの反対意見も出た。

沿線住人や宿場の人ばかりではなく、政府の内部にも反対勢力が存在していた。鉄道の建設計画は閣議で決まったとはいえ、建設反対の建議書が提出されるなど、国をあげての激しい反対運動が展開された。西郷隆盛や開拓次官の黒田清隆らも反対論者で、大隈重信や伊藤博文らの建設推進派と激しく対立した。「欧米諸国の侵略に備えて国防を優先すべきだ」「軍事費を割いてまで鉄道を建設すべきではない」というのが言い分である。想像以上に反対する勢力が強かったため、鉄道の敷設ルートを確保するのも容易ではなく、用地の買収問題では紛争が絶えなかった。

新橋—品川間のルートが、海を埋め立てて建設されたのが何よりの証拠だろう。当初は内陸部にレールを敷く計画だった。ところが、ルート上には軍用地があったため、建設反対派の兵部省（軍部）がその軍用地の提供を拒み、沿線住民の激しい抵抗もあって用地の買収は難航した。やむなく政府首脳はルートの変更を余儀なくされた。新橋—品川間は、障害物が何もない東京湾の沿岸を埋め立てて築堤《ちくてい》を設け、そこにレールを敷設することにした。高層ビルが林立する現在の東京からは想像できないが、東海道本線の沿線は、かつては東京湾上だったのである。

4 新橋―横浜間の鉄道の開通が、予定より3日遅れたのはなぜ？

1867年に江戸幕府が崩壊し、翌1868年、明治新政府が形成されていく中で、同年9月8日に明治と改元された。鉄道開業はそのわずか4年後のことだ。新政府にとって、廃藩置県とともに最優先の課題だったといえる。

鉄道開業は1872（明治5）年9月12日。しかし、当初は3日前の9月9日の開業を予定していた。なお、ここまでの日付は旧暦表示。同年末に旧暦から太陽暦に改められ、1872年12月3日が1873年1月1日となった。

9月9日にこだわっていた理由は、その日は五節句の中の「重陽《ちょうよう》」の節句だったから。菊を用いて長寿を願うことから「菊の節句」ともいわれ、皇室には最もゆかりのある日だったのである。1万人分の赤飯も用意されていたという。

それなのに、3日とはいえ開業が延期になった。前項のとおり、鉄道開業に反対する声は少なくなかったが、延期されたのは意外な理由だった。当日が暴風雨だったからである。国をあげての一大イベントが悪天候で延期されることは現在では考えられないが、それだけ、政府の鉄道開業に臨む意気込みの強さがうかがえる。１万食もの赤飯はどうなったのか気になるところだ。

３日遅れの９月12日には、明治天皇や皇族、各国大使ほか政府の役人を招き、新橋駅で盛大に開業式典が執《と》り行われた。当日は明治天皇や鉄道関係者を乗せたお召列車が横浜駅まで往復した。沿線の民家の玄関先には日の丸が掲げられ、住民たちは小旗を振って開業を祝った。港に停泊中の軍艦からは祝砲が放たれ、夜には花火も打ち上げられるなど、一日中お祭り騒ぎだったという。

鉄道の発達とともに、日本の経済は大きく成長していった。そこで、鉄道に感謝の気持ちを込め、日本に鉄道が登場してから50年後の１９２２（大正11）年、日本で初めての鉄道が走った９月12日の新暦に当たる10月14日を「鉄道記念日」に制定した。１９９４年から、鉄道記念日は「鉄道の日」に改称された。ＪＲグループだけではなく、鉄道業界全体の記念日としたのである。

5 新橋―横浜間を走った蒸気機関車の時速は？

新幹線は時速300kmで走る。やがて東京―名古屋間に開通する予定の中央リニア新幹線は、時速500kmという想像もつかないような速さで疾走する。では、新橋―横浜間を走った蒸気機関車は、時速何kmだったのだろうか。

蒸気機関車の雄姿を一目見ようと、沿線には大勢の人々が詰めかけ、初めて見る蒸気機関車の動きを、固唾《かたず》を呑んで見守った。明治天皇が乗車した記念すべき第1号の列車は、朝10時に新橋停車場を出発し、11時には横浜に到着している。江戸時代、街道を歩く行程は1日10里（約40km）といわれ、東海道の場合、日本橋を出発して最初の宿泊地は戸塚宿、もしくはその手前の保土ヶ谷《ほとがや》宿という人が多かったから、新橋―横浜間の29kmは丸一日という行程でもないが、それに近い距離を1時間弱で走ってしまったのだから、人々が驚くのも無理はないだろう。

開業翌日の1872年9月13日（旧暦）より、1日9往復の営業運転が始まった。停車駅は新橋・品川・川崎・鶴見・神奈川・横浜、所要時間は53分である。29kmを53分で走ったので、時速32・8kmという計算だ。今とは比較にならないほど遅かったわけだが、動力で走る乗り物が何もなかった時代、沿線に押しかけた野次馬を驚かせるに十分なスピードだった。ただし、途中駅の停車時間を含めて53分なのだから、実際にはもう少し速かったはずである。

じつは、新橋—横浜間に鉄道が開業する4カ月前に、すでに鉄道は運行されていた。1872年5月7日（旧暦）に、品川—横浜間（23・8km）で仮開業されており、この間を35分で走ったという記録もある。川崎・神奈川各駅の開業は7月、鶴見駅の開業は鉄道開業日だから、このとき、途中駅はまだなかった。時速にすると40・8km。当時の人々にとって蒸気機関車は、レールの上を驚異的なスピードで疾走する怪物のように映ったことだろう。仮開業に先立つ5月4日、政府は「汽車の発進中に線路を横切ったり、あるいは線路上をさまよったり、荷物を落としておくようなこと」がないようにと、お触れを出している。

6 太鼓から電子音まで、発車の合図の変遷

列車を定刻通りに発車させるには、運転士が発車の合図をしなければならない。現在は発車時刻が近づくと、乗務員室に設置されたブザーあるいはベルを鳴らすなどして、乗客に列車が出発することを知らせている。開業当初はどうだったのだろうか。

じつは、発車の合図に太鼓を使用していたというから驚く。「ドンドンドン」という太鼓の音を合図に、明治天皇が乗った蒸気機関車は大勢の人々に見送られ、ゆっくりと動き出した。伝統楽器である太鼓を発車の合図にしたというのは、いかにも日本らしい発想だ。だが、翌年からは太鼓に代わって、鐘が発車の合図として使われるようになった。太鼓より鐘の音のほうが、より遠くまで聞こえたからだと思われる。

明治末期になるとベルが登場した。電磁石を利用してせわしなく鈴を打ち鳴らす仕組みで、電鈴とも呼ばれる。1912（明治45）年、上野駅に初めて電気を使った発

車用のベルが、ホームと待合室に設置された。駅員の控室のボタンを押せば、一斉《いっせい》にベルが鳴る仕組みである。このベルは、1980年頃まで発車の合図に使用されていた。ベルの金属音は遠くまで響き渡り、その合図で乗客はホームめがけて走っていった。

ベルは発車の時刻を乗客に知らせるための手段としては絶大な効果を発揮した。だが、火災報知機のようなけたたましい金属音は、乗客をせかせるには十分な効果がある一方で、事故を誘発する危険性も秘めていた。乗客はベルの音に驚いて階段を急いで駆け上っていき、足を踏み外して転倒するかもしれないし、発車寸前の列車に飛び乗ろうとしてドアに挟まれるということも考えられる。何より、「リリリリーン」と鳴り響く金属音は、乗客にとっては不快なものである。

そんな理由もあって、1980年代になると、「プルルーン」という電子音のベルが導入されるようになった。金属音のベルに比べれば軟らかな印象で好評だった。やがて発車ベルの音もメロディー化されるようになり、今では駅ごとにご当地ならではの発車メロディーが流されるようになった。列車が進化しているように、発車の合図も進化しているのである。

7 列車のトイレ設置は悲劇から生まれた!?

地下鉄や都市近郊の通勤列車だったら、トイレの設備がなくてもあまり不便は感じないだろうが、長距離列車にトイレが設置されていなかったらどうだろう。我慢できない場合は、駅に停車している間に用を済ませるか、途中下車して1本遅らせるしかない。しかし、ローカル線だと次の列車が来るまで何時間も待たなければならないこともあり、とても、ビールを飲みながら旅行気分に浸っている場合ではない。

日本に鉄道が誕生してからしばらくの間は、列車にトイレは設置されていなかった。当初の列車はデッキの設備もなく、座席ごとに横に仕切られている構造だったので、前後に移動することもできない。席に座ったら、降りるまで身動きもできないような有り様だった。

1889（明治22）年から、新橋—長浜間460km、所要15時間の長距離列車が運行されるようになったが、この列車も最初はトイレが設置されていなかった。停車する途中駅で無事に用を済ませられればいいが、車内で漏らしてしまう人、窓から放尿する人もいたという。そのため、罰則規定を設けて取り締まることになった。たとえば、窓から放尿する行為には、金10円の罰金が科せられた。当時は10円で2石（約300kg）の米が買えたというから、かなりの高額である。にもかかわらず、違反者は後を絶たなかった。生理現象を何時間も我慢しろというのが、どだい無理な話だ。

悲劇も発生している。皇室財産を管理する御料局《ごりょうきょく》の長官、肥田《ひだ》浜五郎は1889年4月28日、出張で関西に向かう中で便意を催し、途中の藤枝駅で下車して用を済ませた。ところが、列車はすでに動き出しており、肥田長官は慌てて列車に飛び乗ったが、足を踏み外して線路に転落。不慮の死を遂げたのである。

じつは、同年7月の東海道線全線開通を機に、トイレ付き客車を導入する計画はあったのだが、この事故の犠牲者が政府関係者であっただけに、鉄道省への風当たりは強く、翌月にはトイレ付きの客車がイギリスから輸入された。ただし、財政上の問題もあり、トイレ付き客車が広く普及したのは、大正末期から昭和にかけてである。

8
トイレの汚物の垂れ流しは、21世紀まで続いていたってホント？

列車にトイレが設置されるようになったことで乗客は一安心だが、列車には大勢の人が乗り降りする。長距離列車ともなればトイレを利用する回数も増えるので、排泄物はかなりの量になる。はたして、客車にそれだけのタンクを設置するスペースがあったのだろうか。また、汚物はどのように処理されていたのか。汚い話だが気になるところだ。

列車のトイレには主に開放式と貯留式があり、日本では最初から開放式が採用されていた。開放式というと聞こえはいいが、わかりやすくいえば「垂れ流し」である。もっとも、便器から直接線路に排泄物を落下させるのではなく、走行中の風圧で飛散させるという構造であった。

逆に、走行中でなければ排泄物を飛散させることができず、そのまま線路に落下することになる。そのため、列車の停車中はトイレの利用が禁止されており、トイレの入り口には、その旨の注意書きも掲げられていた。しかし、それを守る乗客ばかりとは限らないし、生理現象はどうすることもできない。また、たとえ走行中であっても、トンネル内では排泄物が遠くへ飛散できないため、列車の窓から飛散した排泄物が客席へ逆流してくることもあった。

トイレが不衛生であることはたびたび指摘されてきたが、財政的な理由もあって一向に改善されることはなかった。こうして、沿線の住民は長い間、排泄物の公害に苦しめられ続けることになる。

やがて、衛生環境の改善とともに貯留式が普及していくことになるが、開放式のトイレが消えたのは遠い昔の話ではない。2002年3月まで、JR北海道で使われていたのである。東海道新幹線では、さすがに開業当初から貯留式のトイレが設置された。ただし、東京—新大阪間を1往復するだけで大きなタンクが満杯になり、汚物の抜き取りを頻繁に行わなければならなかった。現在のように、少量の水で排泄物が流せる水洗式のトイレに進化するまでには、長い年月を要したのである。

9 東海道本線より、支線の武豊《たけとよ》線の方が早く建設されたのはなぜ？

東海道本線の大府《おおぶ》駅（愛知県）から分岐し、南に向かって全長わずか19・3㎞のローカル線が延びている。大府駅と知多半島東岸にある武豊駅を結ぶ、東海道本線支線の武豊線である。普通は本線を敷設してから支線が敷設されるのだが、愛知県内では東海道本線より、支線の武豊線のほうが先に開通していた。

そもそも鉄道建設の喫緊《きっきん》にして最大の目標は、東京と京阪神を結ぶことにあった。東京—京都のルートといえば、徳川家康が整備した東海道と中山道がある。東海道は海岸河口付近の渡河《とか》を伴う492㎞、中山道は山岳地帯を通る526㎞。しかし、当初は東海道ルートではなく中山道ルート（中山道線）が採用された。この話は鉄道ファンならずとも、多くの人が知っているだろう。

常識的に考えれば、沿線人口が少なく山岳部を通る中山道より、人口が多くて平野部を通る東海道のほうが、建設するのも容易で需要が見込めるはずだ。にもかかわらず中山道に軍配が上がったのは、外国と戦争をした場合、東海道は海上からの攻撃を受けやすいという懸念があったからだという。幕末、日本の植民地化を狙って、外国船が頻繁に日本近海に出没したことで明治政府は外国船に対して強い警戒心を持っており、東京―京阪神間の大動脈分断だけは何としても阻止したかったのだ。

もっとも、中山道ルートにも国防以外の大きなメリットがあった。近代化への課題が山積していた明治政府は常に財政不足に陥っており、手っ取り早く稼ぐには日本の産物で外貨を獲得するのが一番だ。そこで、養蚕の盛んな群馬県に官営の富岡製糸場を建設した。操業は、新橋―横浜間の鉄道開業と約1カ月違いの1872年10月4日(旧暦)のことである。幕末の開国以来、日本の輸出品のトップは常に生糸で、一時期は全輸出品の80％以上を占めたこともあった。こうして、横浜港と生糸や絹の生産地を鉄道で結ぶことで、輸送をスムーズにしようとしたのである。

一方、東京―京都間の鉄道建設は1883(明治16)年10月に中山道ルートに決定して以来、着々と進んでいった。しかし、山岳地帯に入って難航するようになり、なかでも長野と群馬の県境に立ちはだかる碓氷峠《うすいとうげ》は最大の難関となった。改めて中山道ルートを計測した結果、当時の日本の土木技術では、鉄道で碓氷峠を越えることは困難であるという結論に達し、1886年7月の閣議で、中山道ルートから東海道ルートへ変更されることになったのである。すでに東京方面から延びてきた路線は、碓氷峠麓の横川駅まで達していたし、大阪方面からの路線は大垣駅まで延びていた。この先は木曽山中へと路線を伸ばしていくことになる。

さて、冒頭に掲げた武豊線は、鉄道の建設資材を木曽山中へ運搬するために建設された路線だったのである。支線の武豊線が東海道本線より先に開業したのは、そういう理由からなのだ。そして、中山道ルートから東海道ルートに変更されたのに伴い、東京―京都間のルートは岐阜から木曽路ではなく南へと向きを変えることになった。

建設資材を陸揚げした武豊港の近くに設置された武豊駅は、1886年3月、半田駅などとともに愛知県内で最初に設けられた駅だ。日本最古の現役駅舎といわれる亀崎駅や、日本最古の跨線橋《こせんきょう》も武豊線にある。東海道本線の主要駅である豊橋駅や岡崎駅が開設されたのは、武豊駅が開通してから2年半後のことである。

《《《 東海道本線より古い武豊線 》》》

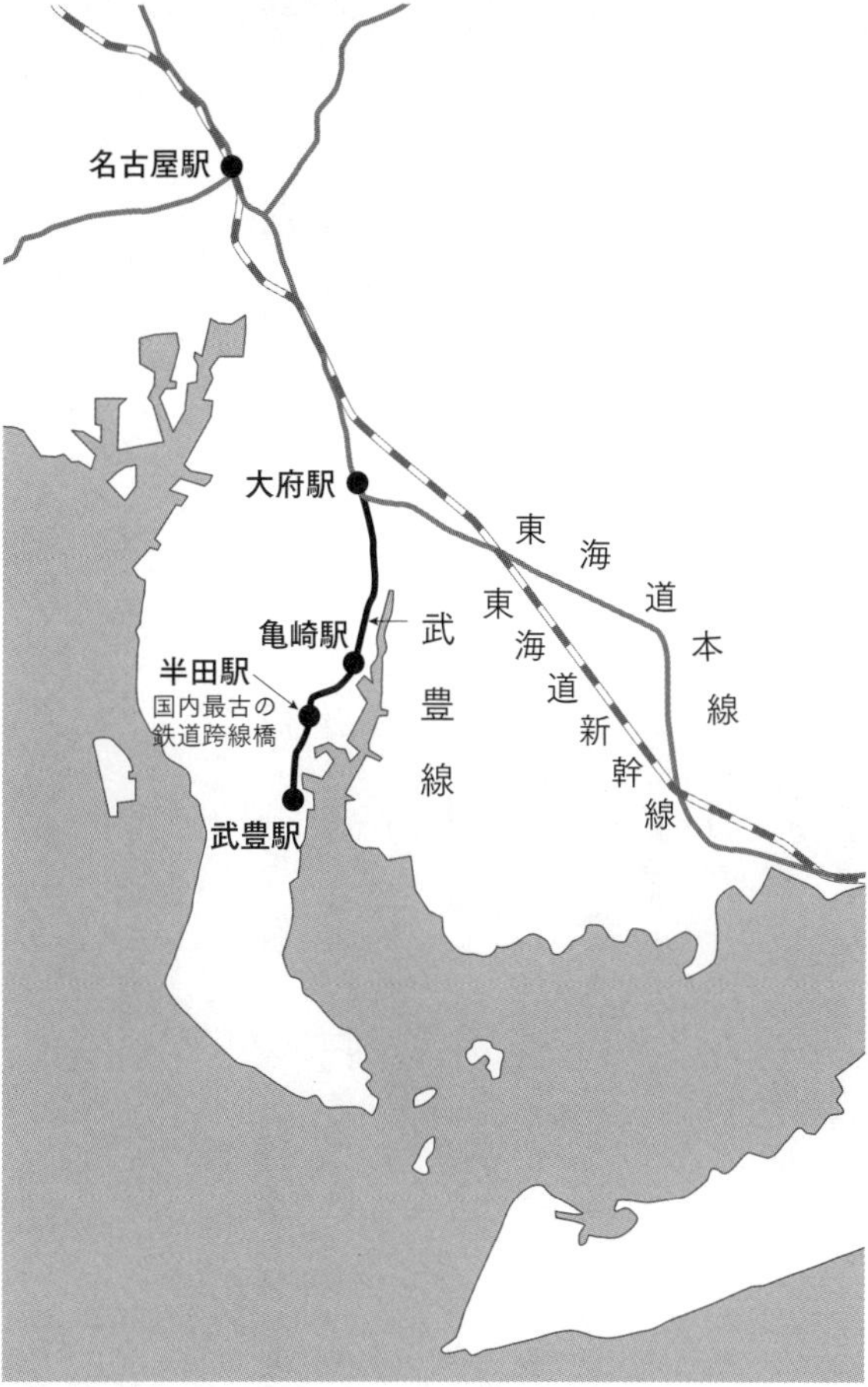

10 駅で切符以外に売り出されたのは、駅弁と新聞、どっちが先？

鉄道の駅は旅客が乗降に利用するための施設で、列車に乗車するには乗車券が必要である。したがって、駅で最初に販売されたのは切符ということになるが、切符以外では何が最初に駅で販売されたのだろうか。それは、現在でも売店でよく売れている商品の1つだ。日によって売れ行きは違うが、コンスタントに売れている。

今日、無人駅や路面電車の停留所はともかく、主だった駅にはほぼ売店がある。売店では弁当やジュース、ビール、お菓子、週刊誌、日用品、土産物などさまざまな商品が売られている。ただし、駅で最初に販売されたものは駅弁ではない。

駅弁は宇都宮駅が発祥地といわれる。1885（明治18）年7月16日、この日開業した日本鉄道（現JR東北本線）の宇都宮駅で、竹の皮に包んだお握り2個とたくわんが最初の駅弁とされている。駅弁の発祥はほかにもあるが、いずれも当然ながら鉄道開業後のことである。これに対して、冒頭の問いの答えは、新橋―横浜間開業以前の出来事である。

駅で最初に売られたのは、じつは新聞だった。1872年5月に品川―横浜間で仮開業し、翌6月に『日新真事誌《にっしんしんじし》』という新聞が駅構内での販売を許可されたのである（『参考書誌研究』第37号・1990年3月）。発売および発行したのは、スコットランドのジャーナリスト、ジョン・レディー・ブラック。ジョンの長男ヘンリーは、明治中期に落語家となって初代「快楽亭ブラック」を名乗った。この名跡は落語好きの人なら知っているかもしれない。

ジョン・R・ブラックは1863年に来日し、1867年には自ら『ジャパン・ガゼット』を設立した。その後、日本語による新聞発行を決意し、1872年3月、東京・築地で『日新真事誌』を創刊した。毎日新聞の前身である『東京日日新聞』の創刊と同時期である。その後、ブラックはジャーナリズム精神に則って政府批評を載せるようになる。そのため政府から煙たがられ、『日新真事誌』は1875年末に廃刊に至る。駅最初の販売品は、日本のジャーナリズム史でも画期的な存在だったのである。

11 動力で走る鉄道より馬車鉄道の方が、開業が遅かったのはどうして？

レールのことを軌条《きじょう》といい、レールの敷かれた道もしくは構造物を軌道という。ただし、軌道法では鉄道と軌道を分けており、軌道は主に路面電車を指す。

電車や汽車、路面電車やモノレールといった軌道を利用する乗り物の多くは機械的な動力源で動くが、動物や人が動かすものもある。かつては、馬に客車を引かせる馬車鉄道なるものが頻繁に利用されていた。

普通に考えれば、文明的な蒸気機関車より原始的な馬車鉄道のほうが古い、と思ってしまうが、両者の歴史にはほとんど差がない。イギリスで18世紀末の産業革命を受けて蒸気機関車が発明され、商業的に最初に走ったのが１８１２年のこと。一方、馬車鉄道の最初は１８０７年というからほぼ同じである。もっとも、以上は公的インフラの範疇であり、溝のような原始的な軌道を使って、動物や人が荷車を動かすことは紀元前からあったとされる。また、現在のような鉄製のレールが登場したのは18世紀に入ってからのことである。

蒸気機関車以前にレールそのものがなかった日本では、馬車鉄道の導入のほうが遅かった。鉄道開業10年後の1882（明治15）年6月、新橋—日本橋間で開業した東京馬車鉄道が最初である。馬車鉄道は普通の鉄道と比べて建設費が安いこともあって、全国的に広がっていった。レールの上を走る馬車鉄道は、乗合馬車と違って振動が少なく、乗客の評判もすこぶるよかった。

しかし、経営的にはいいことばかりではなかった。エサ代がかさむばかりではなく、馬はところ構わず糞尿を排泄するため悪臭が漂う。沿線住民からの苦情が絶えなかったのだ。そのため、各所に糞尿処理係を待機させなければならない。馬車鉄道の単線区間で、何かの行き違いで馬車と馬車が出くわしたりすることがあると、馬車は身動きが取れなくなり、馬が暴れ出してひと騒動になることも珍しいことではなかった。

やがて、馬車鉄道は次第に姿を消していき、路面電車や乗合バスに取って代わられた。それでも、戦後まで営業していた馬車鉄道もあったという。

12

鉄道発祥の地の新橋駅は、なぜ地下に眠っているの？

日本初の鉄道路線の起点となった新橋駅は、現在の新橋駅ではない。初代新橋駅は時代の波にもまれながら、今は地下に眠っている。その大きなターニングポイントとなったのが、東京駅開業と関東大震災である。

東京駅ができたのは在来線の主要駅や山手線内の駅の中でも遅いほうであり、それまでは新橋駅や上野駅がターミナル駅として機能していた。１８９０年前後になって、上野駅と新橋駅をつなぐ中央停車場構想が持ち上がり、１９１４（大正３）年12月、皇居正面に駅が開設された。それが東京駅である。東京駅開設によって、新橋駅は旅客駅としての役割を終え、広大な敷地を生かした貨物専用駅となり、駅名も汐留駅に改称された。一方、電車専用の旅客駅であった烏森《からすもり》駅が新橋駅に改称された。

それから９年後の１９２３年、帝都東京を壊滅させる関東大震災が発生し、汐留駅は西洋建築のモダンな駅舎をはじめ、すべての構築物が焼失してしまった。震災後の復旧は急を要したが、財政は厳しく、元どおりの駅舎に建て直すというわけにはいかなかった。そこで、汐留駅は焼け跡に土を盛っただけという応急処置で済ませ、その上に簡素な駅舎が建てられた。

1934（昭和9）年からは本格的な復旧工事が始まり、汐留駅は重要な貨物ターミナル駅に生まれ変わった。同時に、鉄道発祥地として「0哩標識」（ゼロマイルポスト）が復元され、1965年に国の指定史跡に認定された。しかし、モータリゼーションの発展には対抗できず、貨物線での輸送は次第に少なくなっていった。そして1986年11月1日、旧新橋駅は百十余年の現役生活を終え、廃止に至った。

汐留駅跡地は国鉄の分割民営化により民間に払い下げられ、再開発事業による「汐留シオサイト」に変貌していった。開発に際して1990年代半ばから行われた発掘調査では、駅舎とプラットホームの一部など旧新橋駅の遺構が発見され、関東大震災から久々に陽の目を見ることとなった。発掘現場はその後埋め戻されたが、2003年4月、その跡地には「旧新橋停車場」として開業当時の駅舎が再現された。

13 明治時代、私鉄が国有化されたのはどうして？

日本の鉄道は新橋―横浜間で開業したのを皮切りに、全国に路線を伸ばしていった。陸上交通の担い手として日本の経済に大きな役割を担う鉄道は、国益のためにも当初から国営にすべきだという井上勝らの意見が大勢を占める一方で、1870年代の政府は、西南戦争で多額の軍事費を出費したうえに、膨大な予算を必要とする国家事業が目白押しで、財政は常に逼迫《ひっぱく》していた。鉄道事業についても、民間資本に頼らざるを得なかったのである。

日本で初めての民営鉄道会社は、1881（明治14）年11月に設立された日本鉄道である。日本鉄道は、政府の全面的なバックアップによって設立された会社である。東京―京都間のルートとして決定した中山道線の一部である上野―熊谷間、すなわち、1883年7月に開業した「第一区線」（現高崎線）を皮切りに、第二～第五区線

（大宮―青森間）や現在の常磐線など、順調に路線距離を延ばしていった。建設資材や車両などの手配から用地の取得、人材の派遣など、国の手厚い保護の下に鉄道が建設されていったのである。国が日本鉄道を優遇したのは、時期を見て、いずれは国有化しようという企みがあったともいわれている。

日本鉄道の好調な業績に刺激され、両毛鉄道、山陽鉄道、水戸鉄道、九州鉄道、大阪鉄道など、全国的に鉄道会社建設の機運が高まっていった。日本の鉄道が急速に発展していったのは、民間資本なくしてはあり得なかったといえる。１９０６（明治39）年には、全国に建設された鉄道の総延長は７６９７㎞に達したが、このうち国の出費による鉄道＝官設鉄道（官鉄）は２４６５㎞、残る５２３２㎞が民間の手によって建設された「私鉄」だったのである。

各地で私鉄が建設され、私鉄の路線距離が延びていくにつれて、政府には全国を一元化した鉄道体系が構築できなくなるという危機感が生まれた。鉄道会社が異なるということは、運賃や運転システムも異なり、物資輸送の効率化が妨げられる恐れが出てくる。線路の軌間が異なれば直通運転もできない。

特に、日清戦争（1895年終結）、日露戦争（1905年終結）に勝利して以来、大きな影響力を持つようになった軍部は、猛然と鉄道の国有化論を唱えるようになった。鉄道路線や運行のシステムなどが統一されていないと、軍事物資の輸送に支障を来すというのが大きな理由である。私鉄の国有化に反対の勢力と賛成の勢力は激しく対立し、議会は紛糾したが、結局は賛成派に押し切られて1906年、鉄道国有法が公布された。この法律に基づいて、中小の私鉄を除く幹線私鉄17社が、1906年から07年にかけて、国に強制的に買収されることになったのである。

鉄道国有法の結果、官鉄の路線距離は一気に4500㎞余りも長くなり、私鉄との勢力図は完全に逆転した。併せて、大手私鉄17社の買収統合以降は、国営の新しい鉄道網として「国有鉄道」と称されるようになった。

以後しばらくは国鉄が主導権を握る図式が続くが、モータリゼーションの到来などによって、1960年代半ばに国鉄は赤字に転落。ついに1987年には国鉄再建法により分割民営化されることになった。国有化された私鉄が、再び私鉄に戻されてしまったというわけだ。考えてみれば虫のいい話である。

《《《1906年に国に買収された私鉄》》》

14 日本で最初に電化された路線が、東海道本線でなかったのはなぜ？

日本で初めて走った列車は蒸気機関車だった。当初は文明開化の象徴として見られていたが、次第に短所が見え隠れするようになる。燃料効率が悪い、石炭などの燃料を車両に搭載しなければならない、運転後に石炭ガラなどを廃棄しなければならない、水の補給が必要、始動に時間がかかる、高速運転に劣る、沿線に煙害をもたらす等々。そこで蒸気に替わる動力源として、電気が考えられるようになった。世界で最初に営業用電車が走ったのは1881年、ドイツでの路面電車といわれる。

これを受けて、1890（明治23）年に上野公園で開催された第3回内国勧業博覧会において、日本で初めて電車が披露された。これをきっかけに、市街地を走る列車に関しては、電車に切り替えていく気運が高まった。蒸気機関車だと煤煙や火災に問題があり、前述の馬車鉄道だと衛生面で問題がある。こうして、1895年2月、京都電気鉄道によって東洞院塩小路下ル―伏見下油掛《しもあぶらかけ》間で国内初の営業用電車が開業。続いて名古屋、川崎、小田原、そして東京、大阪と次々に電車路線が開業した。

路面電車は道路交通を補助するための軌道事業であるが、これに対して鉄道事業に電車が登場したのは20世紀に入ってからのこと。1904(明治37)年8月、中央本線の前身である甲武鉄道が、飯田町―中野間で運転したのが最初だ。翌年4月には阪神電気鉄道が神戸―大阪間に電車を運行し、1907年には南海鉄道が難波―浜寺間で運転を始めた。当時の私鉄は、官鉄(国鉄)より一歩も二歩も進んでいたのである。

一方、官鉄では鉄道の電化に消極的だった。電化に多額の資金を投入するより、軍備を増強することを優先すべきという意見が根強くあり、電化推進派と反対派が対立していたといわれる。もし戦争が勃発したら変電所が攻撃され、鉄道の運転が不能に陥ってしまう可能性があるという意見もあったようだ。

国鉄の最重要路線である東海道本線で電車が走ったのは、1914(大正3)年12月の東京―高島町(横浜)間が最初である。また、東海道本線が全線電化(1956年)されるまでには、かなりの年月を要した。

15

丹那《たんな》トンネルはなぜ開通するのに16年もの歳月を要したの?

東海道本線が新橋―神戸間で全線開通したのは、1889(明治22)年7月1日のこと。当時は、小田原市の国府津駅から内陸に入っていき、御殿場《ごてんば》を経由して沼津に抜けるルートをとっていた。現在の御殿場線である。建設計画当時の技術力で箱根付近にトンネルを穿《うが》つのはハナから無理だとわかっていたのだ。

それでも御殿場ルートには急勾配区間がいくつか存在し、これが足かせになっていた。そこで、時間と距離を短縮して輸送力を増強するため、小田原から熱海を通り、沼津に抜けるというルートの建設計画が持ち上がった。しかし、これを実現するためには長大なトンネルを建設する必要があった。こうして1918(大正7)年4月に丹那トンネルが着工された。

丹那トンネルは、全長7804mの日本最長トンネルとして、1925年に完成する予定だった。しかし、工事は難航を極め、丹那トンネルの着工後から工事が始まった清水トンネルに先を越されてしまった。清水トンネルは谷川岳の下を潜り抜けている全長9702mのトンネルとして、1931年に完成した。一方、丹那トンネルが開通したのは1934年で、完成したときには「日本で2番目の長さ」が冠せられることになった。箱根以上に急峻な山岳地帯ながら清水トンネルは9年で完成、それに対して丹那トンネルはなぜ16年もかかったのか。

理由はトンネル周辺の地質構造に問題があったのだ。建設現場は活火山の箱根山に近く、丹那断層という活断層が通っていた。トンネルはこの断層地帯を貫通させなければならなかったこと、そこに大量の地下水があったこと、これが予想を上回る難工事となった原因である。断層地帯では大崩壊が発生し、湧水のため溺死者を出すなど、トンネルが完成するまでに大きな事故だけでも6回を数え、犠牲者は67名にも上った。1930年には北伊豆地震にも見舞われた。

総工費は当初計画の3倍以上に膨れ上がった。だが、大事故の教訓はその後の長大トンネルの工事に生かされ、日本の掘削技術は飛躍的に発展していったのである。

16 日本で初めての冷房車はいつ誕生したの？

今では車両に冷房装置がついているのが当たり前だが、ひと昔前までは冷房装置がついている車両はごくまれだった。もちろん通勤電車についているはずがなく、夏の超満員の車内は、まさしく「通勤地獄」だった。とりわけ、高度経済成長期の通勤列車は混雑しており、現在ではワーストでも180％程度の混雑率に対し、当時は300％が日常茶飯時だった。車内は寿司詰めで身動きが取れず、乗客の額や体からは汗が噴き出し、車内には汗の臭いが充満。会社に着いたときにはヘトヘトで、しばし茫然としているという有り様だった。ただし、少なくとも101系には扇風機がついており、風が当たるだけで生き返ったような気がした。

列車に冷房装置が取りつけられるようになったのは、いつ頃のことだろうか。クーラーといえば、高度経済成長期にもてはやされた三種の神器の1つなのだから、その頃のことかと思いきや、戦前にはすでに登場していた。1936（昭和11）年、関西大手私鉄の南海電鉄が冷房装置つきの車両を導入したのだ。車掌室に冷却装置を設置して、車両の屋根に設けられたダクトから車内に冷風が吹き込むという構造である。ところが、翌年に日中戦争が勃発し、多くの電力を消費する冷房車は贅沢だとして、あえなく廃止されてしまった。

昭和30年代になると、再び冷房車を導入する動きが出てきて、特急列車の一部に取り付けられた。さすがに東京オリンピック開催の直前、1964（昭和39）年10月1日に開業した東海道新幹線は全車が冷房車となっていた。

中京圏の名鉄では1959年に冷房車を導入したが、首都圏では京王電鉄が1968年5月に導入したのが最初だ。国鉄では1970年7月に山手線で冷房車が登場したのが最初で、以後、国鉄、私鉄ともに各社が競って冷房車を取り入れるようになった。地下鉄は地下を走るため、排熱の問題があって導入するのが遅れたが、それでも大都市圏の通勤列車は2000年までに、ほぼ全車両が冷房車になった。だが、ローカル線ではまだ冷房装置が取りつけられていない列車が走っている。

17 東海道新幹線が開業した当時の列車に「グリーン車」はなかった？

前項でも触れたように、東海道新幹線は１９６４年10月1日に開業した。東京と新大阪を結ぶ「夢の超特急」というフレーズで華々しくデビューしたのである。それまで、世界の鉄道列車の最速が時速１６０㎞程度だったところ、時速２００㎞の列車が誕生したのだから、全世界の注目を集めた。

開業当時は東京―新大阪間を4時間で結んだ。現在と比べるとずいぶん遅いが、それまでは特急で6時間30分を要していたのだから、一気に2時間30分の時間短縮を実現したわけである。翌年11月からは3時間10分で運転するようになった。その後も所要時間は徐々に短縮されていき、「のぞみ」が登場した１９９２年3月には、2時間30分にまで縮まった。現在は最短で2時間21分とさらに短くなっており、中央リニア新幹線が開通した暁《あかつき》には、品川―新大阪間を67分で結ぶ。

ところで、東海道新幹線が開業した当時、12両編成の列車にグリーン車はなかった。当時は一等車、二等車の等級制だったのである。日本で最初に鉄道が走った1872（明治5）年、列車編成は「上等」「中等」「下等」の3ランクに区分されていた。庶民はもっぱら下等に乗車することになるが、下等の利用者からは、乗客を蔑んでいるような名称だと、すこぶる評判が悪かった。そこで、1897年には「一等」「二等」「三等」に変更された。上等を一等、中等を二等、下等を三等と名称変更しただけである。1960年7月からは、「一等」と「二等」の2等級に変更された。

グリーン車が登場したのは、東海道新幹線開業5年後の1969年5月だった。国鉄が運賃を改定した際に、これまでの等級制を廃止して、一等車をグリーン車にしたのである。したがって、開業当初の東海道新幹線の12両編成の列車には、グリーン車自体が存在せず、1〜6号車と9〜12号車が二等車で、7〜8号車が一等車だった。

また、運賃改正で運賃が均一化されたことにより、それまで一等車では、それぞれ二等車の2倍となる「一等運賃」「一等特急・急行料金」を支払っていたところ、「運賃」「特急・急行料金」「グリーン券」を支払わなければならなくなった。

第2章

関東と関西、私鉄の線路のレール幅が違うのはなぜ？

鉄道の路線　おもしろ雑学

1 東京都心を走る環状線を、なぜ山手線というの？

東京の都心部を環状運転している鉄道路線を「山手線」（やまのてせん）という。一般的に山手（やまて）とは海手の反対側、つまり山に近いほうを意味する言葉である。ところが、山手線の東側半分近くが山ではなく低地を走っている。なぜ、この路線を山手線というのだろうか。

それは、山手線の成り立ちに理由がある。現在の山手線は、東京―品川―渋谷―新宿―池袋―田端―上野―東京というように、都心を一周する34・5㎞の環状線を指す。だが、元々は環状線で計画された路線ではなかった。もし、初めから環状線で計画されていれば、東京環状線とか都心環状線という名前になっていたかもしれない。

東京と京阪神を結ぶルートとして最初は中山道線が採択され、日本鉄道が上野―熊谷間を1883（明治16）年に開業した。それに先立って、官鉄の新橋―横浜間との接続も計画していたのである。これには、鉄道資材や東北・北関東の物資を輸送する貨物線の意味のほうが大きかった。計画当初は新橋と上野をまっすぐ結ぶルートが考えられたが、この区間は江戸時代から住宅地等が密集する「下町」なので用地確保が難しい。そこで、品川駅を分岐点とし、住宅地の少ない「山の手」を通って荒川付近の中山道線につながるルートに決定し、1885年3月に品川線が開業したのである。これが山手線のルーツだ。品川線開業時には、既存の品川駅のほか、渋谷駅、新宿駅、板橋駅と、接続駅である赤羽駅が新設され、数日遅れて目白駅、目黒駅が開業した。

その後日本鉄道は、買収した水戸鉄道や自社開発の土浦線に中山道線（東北本線）を接続すべく、1895年に田端駅を開業。さらに、田端駅から赤羽を経由せずに品川線に直結するように豊島線建設に着手した。工事の途中段階である1901（明治34）年に品川線と豊島線を統合し、これにより山手線が正式名称となった。旧豊島線は1903年に竣工、このとき、旧品川線との接続駅として池袋駅が開業した。

このように、山の手とは「山のほう」という意味もあるが、武蔵野台地東端にある本郷・牛込・四谷・麻布・青山などを指す呼称でもあり、下町の対義語なのである。

戦後の一時期、「YAMATE LINE」と表示されたことなどから「やまてせん」と呼ばれることもあったが、1970年代から「やまのてせん」に徹底している。

品川線開業時に板橋駅があったように、現在の赤羽線も山手線に含まれていた。山手線池袋─赤羽間が赤羽線に分岐、改称されたのはずっと後の1972年のことである。日本鉄道が国鉄に買収された後の1909年、改めて品川─赤羽間、池袋─田端間、それに貨物線大崎駅─大井連絡所（現大井町駅）間が山手線と制定された。

さて下町側については、1914年に東京駅が開業し、烏森駅から改称した二代目新橋駅と東京駅がつながった。続いて1919年に神田駅が開業し、東京―神田間が開通した。なお、これに合わせて山手線と中央本線を接続させ、中野─新宿─四谷─神田─東京─新橋─品川─渋谷─新宿─池袋─田端─上野を運行する「のノ字運転」が始まった。さらに関東大震災を挟んで、1925（大正14）年11月1日、上野駅と神田駅がつながって、ようやく「環状」となった。同時に環状運転も始まった。

現在も山手線といえば、環状線として認識されているが、正式には品川─田端間のみが山手線で、田端─東京間は東北本線、東京─品川間は東海道本線である。

《《《山手線の変遷》》》

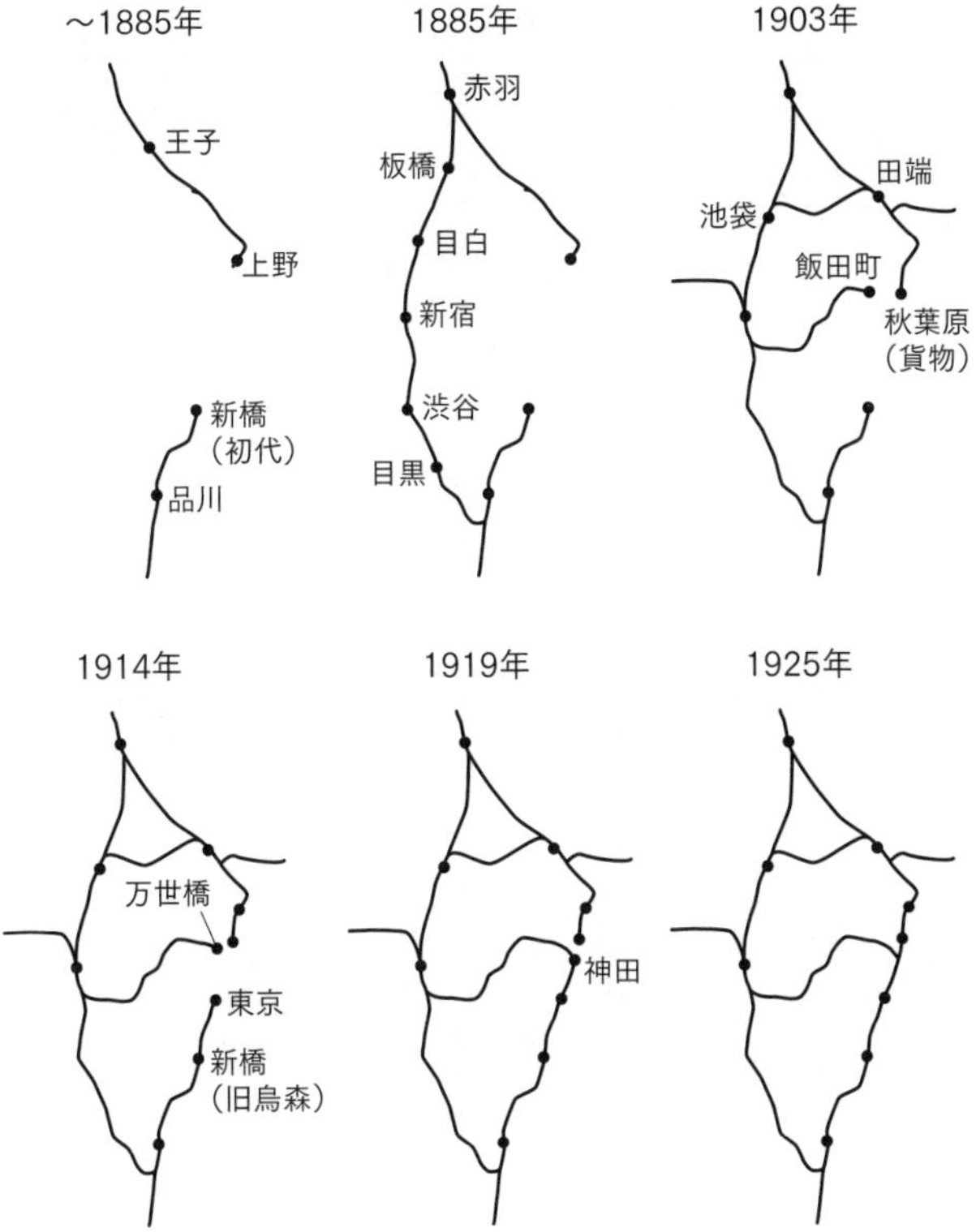

※総武本線　御茶ノ水ー両国間の開業は1932年

2

環状運転をしている山手線に「上り」と「下り」はあるの？

鉄道路線には「上り」と「下り」がある。国道と同様、起点から終点に向かうのが「下り」で、終点から起点に向かうのが「上り」だ。東京駅は、東海道新幹線や東北本線など多くのＪＲ路線の起点になっている。これにしたがって、東京駅に向かう列車は「上り」で、東京駅から地方に向かう列車は「下り」という分け方もされている。

だが、これにも例外がある。東京と名古屋を内陸部経由で結ぶ中央本線は、起点が東京駅で終点が名古屋駅だ。したがって、名古屋発東京行の電車があったとすれば「上り」となるはずだ。しかし実際は、中間点の長野県塩尻駅で「上り」「下り」が入れ替わる。東京方面から塩尻駅に向かう列車も、名古屋方面から塩尻駅に向かう列車も、両方とも「下り」、その逆に塩尻駅から東京方面、名古屋方面に向かう両方の列車が「上り」なのである。これは、大都市から小都市方向を「下り」、小都市から大都市方向を「上り」とする通例にしたがったものといえよう。もっとも、現実的に東京と名古屋を中央本線で直接結ぶ編成はないので混乱することはない。

大都市と小都市で「上り」「下り」を分ける方法にも例外がある。名古屋駅とJR難波駅を結んでいる関西本線は、名古屋方面に向かう列車が「上り」、大阪方面に向かう列車が「下り」になっている。普通に考えれば、名古屋より大阪のほうが大都市である。これは、そもそも起点が名古屋駅で終点が難波駅であるとともに、名古屋の先には東京があるから、東京方面に向かう列車を「上り」としたためと思われる。

では、東京駅を挟んで大宮駅と大船駅を運行している京浜東北線はどうだろう。同じ列車が東京駅を境に「上り」「下り」に分かれるのだろうか。そもそも京浜東北線は、東京―大宮間の東北本線と、東京―横浜間の東海道本線を合わせた通称で、運行上はこれに横浜―根岸間の根岸線が加わる。正式路線でないから起点も終点もなく、「南行《なんこう》」「北行《ほっこう》」を使用している。大宮から大船方面が「南行」、大船から大宮方面が「北行」だ。ただし、慣例として上り電車には偶数の列車番号、下り電車には奇数の列車番号が付される。これに従うと、「北行」が「上り」で「南行」が「下り」となる。

　ほかにも、宇都宮線、高崎線と東海道線、横須賀線とを相互に乗り入れる路線がある。東京駅を経由するのが上野東京ラインで、新宿駅を経由するのが湘南新宿ラインだ。ここでも編成単位では「北行」「南行」だが、4本の在来線とも歴史も距離も長く、おおむね沿線の各駅では従来どおりの「上り」「下り」で表示・案内している。

　では、山手線はどうだろう。環状線でいう場合の「山手線」も通称であるが、品川―新宿―田端間は正式名称でもある。その起点・終点の法則にしたがうと、起点の品川駅から新宿駅を経由して田端駅に向かう列車が「下り」で、その反対が「上り」というふうに分けられる。しかし、これでは環状運転の都合上、混乱してしまうから、「内回り」「外回り」という分け方をしている。日本の鉄道は、道路交通と同じで左側通行である。したがって、時計回りに運行する列車、すなわち、東京―品川―渋谷―新宿―池袋―駒込―田端―上野と運行するのが「外回り」で、反時計回りに東京―上野―池袋―新宿―品川と運行するのが「内回り」である。

《《《上り下りが入れ替わる中央本線》》》

3 山手線より早く開業した環状線があるってホント？

鉄道・軌道の環状線は全国に数か所あるが、都営地下鉄大江戸線のように、環状線なのに循環していない路線もある。そもそも、環状線と環状運転は異なる。環状線とは都心などからまっすぐに伸びる放射線に対応するもので、放射線の拠点をつなぐ線のことをいう。その意味で武蔵野線や南武線、横浜線も環状線ではある。一方、環状運転とは、広義では大江戸線も環状運転に入るが、一般的には山手線（34・5㎞）や大阪環状線（21・7㎞）のように、円形状の路線を同じ方向に何度も回る完全環状型をいう。ここでは、完全環状型で運行している路線を環状線ということにする。

山手線、大阪環状線以外の環状線には名古屋市営地下鉄名城線（26・4㎞）があり、札幌市電は2015年から環状運転を始めた（8・9㎞）。環状運転の開始年は山手線が1925（大正14）年、大阪環状線が1964年、名城線が2004年だから、山手線が最古の環状線かと思いきや、その半世紀前に開業した環状線がある。

1882（明治15）年6月に、新橋—日本橋間で開業した東京馬車鉄道がそれである。馬を動力源としているとはいえ、レールの上を走るわけだから、当時では鉄道の扱いだったのである。なお、日本最初の私鉄は一般的には1881年11月設立の日本鉄道とされるが、東京馬車鉄道の設立は1880年12月だから、こちらのほうが早い。

開業4カ月後の1882年10月には、神田川を跨ぐ浅草橋が完成したことにより、新橋—上野—浅草—日本橋—新橋のルートで走る環状運転が実現した。これが日本で初めての環状線だといわれている。

その後、1900年代に入ると、東京馬車鉄道は電化されて東京電車鉄道になり、さらに東京市街鉄道および東京電気鉄道と合併して東京鉄道が発足。やがて東京市電、そして東京都電になっていった。つまり、日本で初めて環状運転を行った東京馬車鉄道が、やがて東京中に路線網を張り巡らせることになった東京都電のルーツとなったのである。路面電車は東京ばかりか、日本中の主要都市で導入されるようになり、その中には京都市電のように環状運転を行う路線もあった。

4 人口が密集する中央本線に、長い直線区間をつくれたワケ

日本の地形は複雑である。いたるところに山がそびえ、川も流れている。狭い平地には住宅地が広がっている。鉄道はそれらの障害物を避けてレールを敷かなければならないので、直線区間が短く、曲がりくねった線路の多いのが日本の鉄道の特徴といえる。ところが、びっくりするほど長い直線区間もある。

鉄道の日本一長い直線区間は、室蘭本線・白老《しらおい》―沼ノ端間にある28・7㎞の区間だ。室蘭市と苫小牧市の中間あたりに白老町があり、白老駅の少し東から苫小牧駅を抜けた先まで、太平洋に沿って直線部分が続いている。函館本線の光珠内《こうしゅない》―滝川間にも22・9㎞の直線区間がある。こちらは石狩川沿いに広がった内陸の石狩平野にある。

北海道に直線区間の多いのは理解できるが、長い直線区間が東京にあるというのは意外である。首都圏に在住の人はよく知っていることだが、中央本線の東中野―立川

間24・7㎞が直線なのだ。人口が過密な地域に、よくもこれだけ長い直線区間が存在するものだと驚かずにはいられない。だが、鉄道が建設された頃は、北海道と同じように中央本線の沿線も武蔵野の雑木林が茂る未開地で、障害になるようなものがほとんどなかったといってもよい。

甲武鉄道によって新宿―立川間に鉄道が開業したのは1889（明治22）年4月のこと。途中停車駅も中野駅・境駅（現武蔵境駅）・国分寺駅だけで、同年8月に八王子まで延伸したものの、初年度の乗客数はわずか27万人だった。

当時の東京都下は新宿から調布、府中を通って八王子に至る甲州街道がメインのルートだった。したがって、鉄道も甲州街道沿い、つまり現在の京王電鉄京王線が走っているルートに線路を通す計画だった。ところが、宿場町や沿線の農民たちが例によって鉄道の敷設に猛然と反対、鉄道の建設計画を変更せざるを得なくなった。開通後の沿線の発展は目覚ましく、6年後の1895年には初年度乗客数の10倍近い242万人に達した。

5 中央本線を東京では「中央線」と呼ぶのはどうして？

地方から上京してきた人が、東京では中央本線のことを「中央線」と呼んでいることに違和感を抱く人が少なくない。東京在住者が中央本線を略して呼んでいるだけならまだしも、車内放送や駅の案内でも堂々と中央線と表現しているのだから疑問に思うのも当然だろう。一般的には、「○○本線」は「○○線」より格が上だと考えられている。中央本線は東京駅と名古屋駅を結ぶ、全長３９７㎞の日本の幹線である。それなのに、東京の人は中央線と呼んでおり、めったに中央本線とはいわない。

だが、略して中央線と呼んでいるわけではない。東京駅から御茶ノ水、新宿、三鷹、八王子方面に通じる路線を走っている様々な種類の列車を、中央線と中央本線の二通りの呼び方をして区別しているのだ。要するに、乗る列車によって区別しているのであり、東京駅から高尾駅までの区間を走る快速電車・特別快速・通勤特別快速、すなわちオレンジの電車とオレンジの電車の停まる駅が中央線なのである。中央線快速や中央快速線という言い方もあるが、正式名は中央急行線という。

中央線に対して、高尾以西を中央本線と呼び、高尾以西に通じる特急あずさなども中央本線と呼ぶ。もっとも、中央線特別快速、通称中央特快の大月行は高尾以西を走るものの、中央線として認識されることが普通だ。また、JRになってからは、中央本線の東京23区を走る列車はすべて中央線と呼ぶ傾向にある。

もう1つ、千葉駅から秋葉原駅・御茶ノ水駅までの総武本線と、三鷹駅までの中央本線をまたいで運行される各駅停車は、中央・総武線（中央総武線）と呼んでいる。すなわち、黄色い電車と黄色い電車の停まる駅が中央・総武線なのである。ほかにも、中央・総武緩行《かんこう》線、中央線各駅停車ほか、中央線の名が消えて総武緩行線、総武線各駅停車、さらには中央本線内なのに総武線などとも呼ばれたりする。

以上合わせて「沿線火災の影響で運転を見合わせていた中央線快速電車と、中央・総武線各駅停車は○○時○○分に運転を再開しました……」などという具合だ。ただし、あくまでも中央線と総武線は通称で、中央本線と総武本線が正式名なのである。

6 札幌と新十津川を結ぶ路線をなぜ札沼線というの？

鉄道の路線名は、起点駅と終点駅がある地域の地名から、それぞれ1文字ずつ取ってつけられることが多い。たとえば、九州を走る豊肥《ほうひ》本線は豊後《ぶんご》国（大分）と肥後《ひご》国（熊本）、久大《きゅうだい》本線は福岡県久留米市と大分市、茨城県と福島県にまたがっている水郡《すいぐん》線は、茨城県水戸市と福島県郡山市などである。以上のいずれも最初の1文字のほうが起点で、地名は旧国名であったり、都市名であったりする。だが、路線名の文字だけでは、起点と終点がどこなのか理解できない路線も少なくない。

その1つに、札幌市から石狩川に沿って北に延びている札沼《さっしょう》線がある。2020年5月までは、桑園《そうえん》駅と新十津川駅を結んでいた76・5㎞の路線である。桑園駅は函館本線札幌駅の西隣の駅なので、札沼線の「札」が札幌市から取ったものであることはすぐにわかる。しかし、新十津川駅側に「沼」という文字を使った地名は見当たらない。じつは、新十津川駅からずっと北を探すと、沼田町という小さな町があり、その町を走る留萌《るもい》本線に「石狩沼田」という駅がある。これが「沼」の正体だったのだ。

なぜ、新十津川駅から30㎞以上離れた町、あるいは駅の文字が使われたか。勘のいい人はわかると思うが、この区間が廃線となったからだ。かつて札沼線は、桑園駅と石狩沼田駅を結ぶ全長111・4㎞の路線だった。函館本線が並行して走っていたため、当初から利用者の多い路線ではなく、太平洋戦争が勃発すると札沼線は不要な路線とされ、石狩沼田―石狩当別間が廃止されてしまった。戦後に復活して全線で運転を再開したが、沿線は過疎化が進み、典型的な赤字路線だった。そのため、1972年、石狩沼田―新十津川間の34・9㎞が廃止されてしまった。路線の一部区間が廃止されたことにより、路線名と実際の営業区間が食い違ってしまったのだ。

札幌市内の区間は宅地化が進み、利用者は増加。大学も相次いで進出し、1991年には「学園都市線」の愛称がつけられた。一方、新十津川駅寄りの区間は、ますます利用者が減少していったため、2020年5月、未電化の北海道医療大学駅以北の区間が廃止された。100㎞以上の路線が、28・9㎞の短小路線になってしまった。

7

東京湾側から内陸に向かう路線に、小湊《こみなと》鉄道と名づけられたワケ

いすみ鉄道と小湊鉄道という2つのローカルな私鉄が内陸でつながり、房総半島を1本で横断する形となっている。小湊鉄道はJR内房線の五井駅（市原市）から養老川に沿って内陸に向かい、上総中野駅（大多喜町）でいすみ鉄道と接続し、JR外房線の大原駅（いすみ市）とを結ぶ。ところで、小湊鉄道の沿線に「小湊」という地名も駅も見当たらない。それなのに、なぜ小湊鉄道というのだろうか。

大原駅からJR外房線にそって房総半島を南にたどっていくと、安房鴨川駅の手前に安房小湊駅がある。現在は鴨川市となった旧小湊町の駅で、小湊町には日蓮の生誕地とされる誕生寺がある。そう、小湊鉄道は千葉市周辺の参拝客を誕生寺に輸送する目的で建設された路線だったのだ。

まず、1928（昭和3）年に、五井―上総中野間が開通した。ここから太平洋岸

の小湊町まで延伸する計画だったが、山地を越えなければならなかったため難工事が予想され、資金難もあって工事の中断を余儀なくされた。これとほぼ同時期に、国鉄でも太平洋側から東京湾岸へ、房総半島を横断する路線の建設計画が持ち上がっていた。それが国鉄木原線、現在のいすみ鉄道である。

１９３４年、木原線は太平洋岸の大原町から上総中野駅までの区間が開通した。これで小湊鉄道と接続すれば、房総半島を横断する路線が完成したことになる。だが、木原線は小湊鉄道と接続するために建設された路線ではなく、そのまま西に向かって、東京湾岸の木更津駅とを結ぶ計画だった。木原線は、木更津の「木」と大原の「原」を取って命名されたのである。

上総中野駅から久留里線の上総亀山駅まで、10㎞余りの区間が完成すれば、房総半島を横断する国鉄の路線が開通していたはずである。だが、この区間は難工事が予想され、しかも需要があまり見込めない路線なので、多額な資金を投じてまで建設する価値はないと考えられたようだ。結局、木原線は全通することなく、国鉄分割民営化翌年の１９８８年、第3セクターのいすみ鉄道に移管されたというわけである。

8 JR名松線の「名」と「松」はどこのこと？

三重県の中央部に、名松線《めいしょう》というJR路線がある。松阪駅から、西側内陸に向かって雲出川沿いを走り、布引《ぬのびき》山地の麓にある伊勢奥津《おきつ》駅まで全長43・5㎞の路線である。典型的な赤字ローカル線かつ頻繁な台風被害を受けながらも、現役を続けている。

１９８２年8月、台風10号による土砂被害で全線が不通となった。これを機に、国鉄は国に名松線の廃止を申請したが、山間部ではバス代行が不可能として復旧工事を続け、翌年6月に全線開通。１９８５年には、代替道路未整備を理由に廃止対象から除外された。

２００９年10月の台風18号では、線路内に大量の土砂が流れ込んだり、盛り土が崩れたりするなど約40カ所で被害を受け全線不通に。数日後、松阪―家城間は運行再開されたが、家城―伊勢奥津間は復旧の見通しが立たなかった。工事に莫大な費用がかかることは目に見えており、いよいよ廃止かと思われたが、沿線住民の熱意が実って2016年3月、6年5カ月ぶりに運転が再開された。名松線では1959年の伊勢湾台風、1975年、2004年の台風でも甚大な被害を受けている。

ところで、名松線の「松」は松阪駅だということはすぐわかる。しかし、「名」についてては沿線に該当する地名も駅も見当たらない。「名」のつく地名は、なんと布引山地を越えた先にある名張市の「名」だったのだ。そもそも名松線は、名張市と松阪市を結ぶ計画で建設された路線だったのである。

1929(昭和4)年に松阪―権現前間を開通させたのを皮切りに、着々と工事は進められていった。ところが、ルートこそ違うものの、参宮急行電鉄(現近畿日本鉄道)が1930年、一足先に名張―松阪間に路線を開通させてしまった。名松線としては、たとえ名張まで路線を延ばしたとしても採算は厳しく、布引山中での難工事も予想された。そのため、伊勢奥津駅まで開通したところで工事は中止になり、名張までの計画は頓挫してしまったのである。だが、路線名はそのまま引き継がれ、運行同様にたくましく生き抜いてきた。

9 JR大糸線に途中駅の「大」が入っているワケ

大糸線《おおいと》は長野県の松本駅から、北陸本線（現・えちごトキめき鉄道）の新潟県糸魚《いとい》川《がわ》駅まで、全長105・4㎞のJR路線である。また、松本―南小谷《みなみおたり》間はJR東日本の管轄、南小谷―糸魚川間はJR西日本の管轄に分かれた珍しい路線である。

大糸線は起点の松本駅を出発し、北アルプスの東麓を、信濃川水系の高瀬川と日本海にそそぐ姫川に沿って走る。沿線には安曇野や仁科三湖などの観光スポットがあり、車窓には常念岳、穂高連峰、白馬岳などの名峰がパノラマとなって映し出される。中間点には信濃大町駅（大町市）があり、「立山黒部アルペンルート」の東の玄関口として賑わっている。終点糸魚川駅のある糸魚川市は新潟県最西の市であり、富山県の県境付近には古代から交通の難所として恐れられた親不知・子不知がある。

と、ここまで読んで気づかれたとおり、大糸線の「大」は大町市を、「糸」は糸魚川市を表している。ではなぜ、起点側かつ主要都市である「松」本市が反映されず、途中駅の名前が入っているのか。これには複雑な経緯があった。

国鉄がこの地域に着工する10年以上前の1915（大正4）年、信濃鉄道により松本（当初は南松本駅）―信濃大町間が開業した。信濃鉄道はそのまま糸魚川まで延伸する予定だったが、地形的に難しいことから着工には至らなかった。その後、国鉄が日本海と内陸との連絡は軍事上・経済上重要であるとして、起点の信濃大町駅、終点の糸魚川駅両側から建設を始め、1929（昭和4）年には、信濃大町―簗場《やなば》間が大糸南線として、1934年には糸魚川―根知間が大糸北線として開通した。

1937年、信濃鉄道は国に買収され、松本―信濃大町間は大糸南線に組み込まれるとともに、大糸線の名称が継承された。その後、災害や戦局悪化によって工事は遅れるものの、1943年にはすべてのトンネルと鉄橋が完成、残る区間も中土―小滝間17・7㎞のみとなった。しかし、今度は戦争資材不足による金属徴発により、せっかく作った線路や鉄橋が撤去されてしまった。戦後もしばらくは放置され、工事が再開されたのは1952年。そして1957年8月にようやく全通したのである。

10 上信電鉄と中越鉄道はどこを走る路線なの？

その地域では名前に違和感を抱かなくても、他の地域の人からは意外に思われる中小の鉄道会社が各地にある。上信電鉄もその例だろう。上信の「上」は群馬県の旧国名、上野《こうずけ》国からと推測できる。ＪＲ上越線は群馬県高崎駅と、越後国だった新潟県の宮内駅（長岡市）を結ぶ路線である。「信」は長野県の旧国名、信濃国を意味すると考えるのが妥当だ。しかし、上信電鉄の路線図を見ると、高崎駅から群馬県西部の下《しも》仁田《にた》駅まで、信越本線の南側を走るローカル私鉄であり、長野県内は走っていない。

上信電鉄は１８９５（明治28）年に、上野鉄道として設立された。以来、合併や吸収は一切なく、現存する私鉄では３番目に古いといわれる。１８９７年には高崎—下仁田間33・７㎞を開業。当初は軌間７６２㎜の軽便鉄道だったが、１９２４（大正13）年の電化に際し、１０６７㎜に改軌している。

電化当時、富岡製糸場を含む沿線の盛んな養蚕業を背景に業績を伸ばしており、さらなる発展を目指して長野県延伸を狙った。下仁田から群馬・長野県境にある荒船山南側の余地《よち》峠を越えて、佐久鉄道（現小海線）の羽黒下《はぐろした》駅（佐久穂町）と結ぶ計画を立て、営業の免許も取得した。さらに1921年には、社名を上信電気鉄道に改称したのだ。しかし、昭和恐慌などによる不況で資金繰りに窮し、壮大な計画は頓挫した。1964年には現社名に改称したものの、「上信」の名はそのまま残されたのである。

関東鉄道も、知らない人にはどこを走っているのかよくわからない。路線は取手―下館《しもだて》間と佐貫《さぬき》―竜ヶ崎間の2本で、いずれも茨城県を越えない。同社は、1965年に常総筑波鉄道と鹿島参宮鉄道が合併して設立された。

現存しない会社では、北陸地方に中越鉄道という私鉄が走っていた。天気予報などでは新潟県内を西から順に上越・中越・下越・（佐渡）と分けているから、長岡市付近を走る鉄道だと思われるかもしれない。ところが、中越鉄道は富山県内を走る鉄道だったのだ。1897年に開業した北陸では最も古い私鉄だったが、1920年に国有化された。かつて中越は、富山県（越中国）の別称でもあったのだ。

11 「津軽海峡線」と「海峡線」はどこが違うのか？

1988年3月に青函トンネルが開業したことにより、それまで青森市と函館市との間で運航されていた青函連絡船に替わって、本州と北海道を結ぶ鉄道が開業した。それに伴って「津軽海峡線」「海峡線」という2つの名称が登場した。この2つはどう違うのか。海峡線は津軽海峡線を簡略化した呼称ではないのだろうか。

結論からいえば、海峡線は正式名で津軽海峡線は通称、しかも両者は同一の路線ではない。海峡線は、青森県の中小国《なかおぐに》駅（外ヶ浜町）と北海道の木古内《きこない》駅（木古内町）を結ぶ87・8㎞の路線で、青函トンネル完成と併せて新設された。海峡線の開業によって、青森市と函館市が一本の鉄道で結ばれることになった。青森―函館間が津軽海峡線という通称なのだ。津軽海峡線は青森県側の津軽線と海峡線、北海道側の江差《えさし》線と函館本線の4路線をまたいでいるのである。

青森駅から中小国駅までは津軽線（津軽線はその先三厩《みんまや》駅まで）、中小国駅から津軽海峡を渡って木古内駅までの区間が海峡線、木古内駅から五稜郭駅までは江差線、五稜郭駅から函館駅までは函館本線である。以前は青森駅と函館駅を直行する特急や快速が1日に何本も走っていた。ところが、2016年3月26日、新青森駅と新函館北斗駅を結ぶ北海道新幹線が開業したことによって、様相が大きく変わった。

青森駅と函館駅を結ぶ特急や寝台列車はすべて廃止され、青函トンネルを走る在来線の定期旅客列車もすべて姿を消してしまった。青函トンネルを路線に持つ海峡線は、貨物列車と団体臨時列車だけが走行する路線になったのである。これに伴って、津軽海峡線という通称は使われなくなり、時刻表からも津軽海峡線という文字は消滅した。

それればかりではない。見学のみだったが、海峡の両側付近にあった竜飛《たっぴ》海底《かいてい》駅、吉岡海底駅は廃止され、それぞれ「～定点」という名の施設に変わった。2014年に江差―木古内間を閉鎖した江差線は、第三セクター、道南いさりび鉄道に移管された。また、すべての特急が停まり、乗降する観光客も増えた青森県の蟹田《かにた》駅（外ヶ浜町）は、元の姿に戻った。津軽線の住民にとって函館は遠くなってしまったのだ。

12

新京成電鉄の路線が、曲がりくねっているワケ

鉄道路線は、最短距離を直線的に敷設するに越したことはないが、日本の地形は起伏が激しく、いたるところに川が流れている。そのため、まっすぐに線路を敷きたくてもできないというのが実情である。ところが、何も障害になるようなものがない平坦地を走っている路線なのに、必要以上にクネクネと曲がりくねっている路線がある。その代表的な路線が、千葉県の北西部を走っている新京成電鉄だ。

新京成電鉄はＪＲ常磐線の松戸駅と、京成電鉄の京成津田沼駅を結ぶ全長26・5㎞で営業している。松戸駅と京成津田沼駅を直線で結べば16㎞足らずなので、この路線がいかに回り道をしているかがわかるだろう。現在は東京のベッドタウンとして、沿線に住宅が密集しているが、開業当時は、大回りしてまで立ち寄らなければならない町などなかった。加えて、新京成電鉄が走っている下総《しもうさ》台地に起伏はほとんどなく、

ルート上にはトンネルも橋もまったくない。

新京成電鉄の路線は、戦前、日本陸軍鉄道連隊が演習用の路線として使用していたものである。それが終戦になって、軍用地などとともに民間に払い下げられたのだ。1946(昭和21)年3月、京成電鉄が路線を取得し、同年10月に子会社として新京成電鉄を設立、鉄道路線として再整備したのが現在の路線の始まりである。

演習用の路線なので、まっすぐな路線では練習にならない。運転技術を向上させるために、故意にカーブを多く取り入れて敷設されたものだったのである。新京成電鉄は財政上の理由もあり、余りにも急カーブで危険性の高い箇所を少し緩和させた程度で、演習用の路線をほぼそのまま活用したといってもよい。

新京成電鉄は1947年12月、新津田沼—薬園台《やくえんだい》間を開業したのを皮切りに着々と路線を整備していき、1955年4月、松戸—京成津田沼間の全線を開業した。軌間は新幹線と同じ1435㎜の標準軌で、東京近郊の通勤路線として利用客の多い鉄道路線である。沿線に住宅が密集している現在、曲がりくねっている路線を修正しようとしても容易にはいかないだろう。

13

政治の力でルートが曲げられた路線があるって本当？

岩手県の南部を東西に走っているJR大船渡線も、不自然な曲がり方をしている路線の1つといえるだろう。鉄道建設の黎明《れいめい》期には、沿線の住民が猛烈に反対したため、やむを得ず迂回したケースは全国各地で見られるが、鉄道のメリットが認識されるにつれ、沿線住民が政治家などに鉄道誘致を働きかけたり、政治家が鉄道誘致を政略に利用したりして、ルートが歪められるケースも多くなってきた。つまり、政治力によって本来通すべきルートと違うところに鉄道が建設されるのだ。これを、スラングで我田引水ならぬ「我田引鉄」と呼ぶ。

大船渡線は内陸部にある東北本線一ノ関駅（岩手県一関市）と、三陸海岸の気仙沼駅（宮城県）を結ぶ62・０kmの路線である。２０２０年４月までは、気仙沼駅から三陸沿岸を北上して陸前高田駅を通り、盛《さかり》駅（大船渡市）までの43・７kmがつながっていた。しかし、２０１１年３月の東日本大震災で大船渡線が全線不通に。翌月一ノ関―気仙沼間は開通するも気仙沼―盛間は見通しがたたず、そのまま廃止となった。

気仙沼―盛間も大きく曲がっていたが、これはリアス式海岸の影響によるもの。不自然に曲がっているのは一ノ関―気仙沼間である。一ノ関駅から陸中門崎《かんざき》駅まではほぼ真東に向かうのだが、そこから北に90度曲がって陸中松川駅に。次に、東に90度曲がって摺沢《すりさわ》駅に。次に、今度は90度南に折れて千厩《せんまや》駅に向かう。この4駅を直線で結べば正方形になる。底辺にあたる陸中門崎駅と千厩駅は同緯度にあり、距離はわずか８・３㎞。しかし、両駅の営業距離は26・１㎞だ。

大船渡線は１９３５（昭和10）年に全線が開通した。路線の計画当初は、陸中門崎駅から千厩駅までまっすぐに抜けることになっていた。ところが１９２０年の総選挙で、平民宰相・原敬率いる立憲政友会の推す候補者が摺沢地区から出馬し、鉄道誘致を公約に掲げて当選したことから計画が変更されることになった。これに危機感を持った千厩地区の住民たちは、４年後の総選挙では反対勢力の憲政会の候補者を応援し、見事に当選を果たした。そこで再び計画は見直され、摺沢駅から進路を南へ向きを変え、千厩駅を通るルートに変更されたのである。

時代は下り平成に入ると、今度は我田引鉄を逆手にとるようになった。上下に激しく曲がっている線形を竜が躍動する姿に見立て、あるいは人気アニメ「ドラゴンボールZ」に登場する神龍《シェンロン》にちなんで、「ドラゴンレール大船渡線」という通称がつけられ「スーパードラゴン」という名の快速列車も走らせた（現在は廃止）。

大船渡線以上に有名な我田引鉄の例が中央本線だ。1889（明治22）年、甲武鉄道によって新宿―八王子間は開通したが、その先のルートはまだ決定していなかった。長野県内については、岡谷以西のルートに伊那谷《いなだに》と木曽谷《きそだに》が検討されており、双方で熾烈な誘致合戦が繰り広げられていた。結局、1894年に木曽谷ルートに決定したが、伊那谷出身の伊藤大八《だいはち》が鉄道局長に就任し、少しでも伊那谷に近づけるべく、岡谷―塩尻間を無理やり南に曲げ、辰野駅経由に迂回させた。これが後にいう「大八廻り」である。1983年、岡谷―塩尻間を直通する塩嶺《えんれい》トンネルが開通し、辰野駅ルートは支線になった。前者と後者の距離差は16㎞だ。なお、伊藤大八の時代、岡谷―塩尻間にはだかる塩尻峠に、長大トンネルをつくるのは無理だったとも指摘されている。

《《《 大船渡線と中央本線の「我田引鉄」 》》》

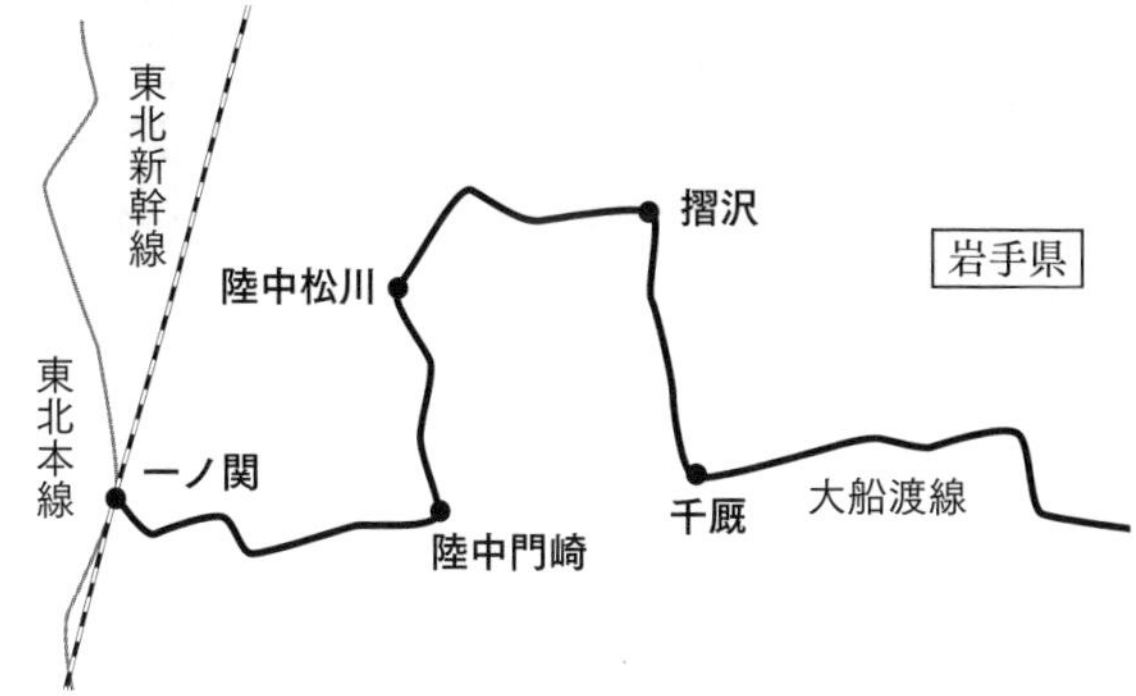

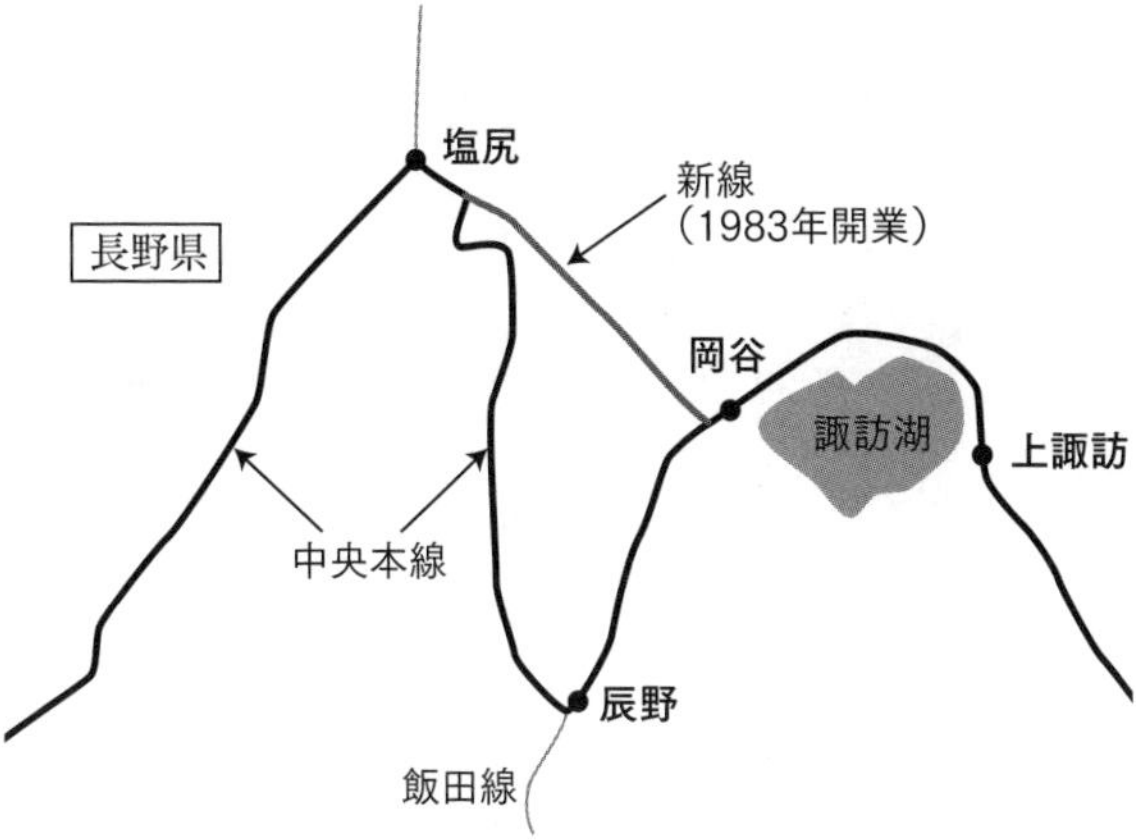

14 関東と関西、私鉄の線路のレール幅が違うのはなぜ？

日本の鉄道の多くが1067㎜の狭軌でできていると1章で述べた。日本初の鉄道である新橋―横浜間が狭軌だったので、以降の路線も狭軌で建設されたのである。ところが、現在の私鉄を比較すると、関東では狭軌が多いのに対し、関西では圧倒的に標準軌が多い。これはどういう理由からなのだろう。

鉄道の草創期は、旅客より貨物の輸送を重視していた。関東の私鉄も同様で、貨物列車の乗り入れ、すなわち貨客混載を前提に建設されたので、官鉄と同じ狭軌で建設された路線が多い。一方、関西の私鉄は旅客の輸送を主体に建設された鉄道が多く、官鉄との乗り入れも想定していないので、狭軌にこだわる必要はなかった。しかし、理由はこれだけではないようだ。

関東の私鉄は、官鉄の走っていないルートに敷かれている路線が多い。それに対して、関西の私鉄は国に勝負を挑むかのようにＪＲと競合している路線が多い。その代表的な区間が京都―神戸間だ。ＪＲに並行して阪急電鉄と阪神電鉄、それに京都―大阪間は京阪電鉄が互いに競うかのように路線を走らせている。

官鉄と競合する理由には、普通鉄道を敷設する認可が下りなかったという事情があったようだ。そのため、関西の私鉄は鉄道とは免許の違う軌道事業として認可を獲得し、標準軌の大阪市電への乗り入れを目論んで建設を進めたのである。もちろん例外もあって、関西の南海電鉄は狭軌だし、関東の京王電鉄は東京市電への乗り入れを考えて、馬車鉄道および都電と同じ１３７２㎜が採用されている。関東の京浜急行各線は最初から標準軌で建設された。

地下鉄については、大阪の地下鉄はすべて標準軌だが、東京の地下鉄は複雑である。都営地下鉄三田線や東京メトロの日比谷線、千代田線、半蔵門線、南北線は狭軌、都営地下鉄大江戸線と東京メトロの銀座線と丸ノ内線は標準軌だ。また、京王電鉄と接続する都営地下鉄新宿線は１３７２㎜が採用されている。このような軌間になったのには、個別の理由があったようだ。

15 青函トンネルと英仏海峡トンネル、どちらが長いか？

明治中期、日本鉄道によって現在の東北本線が建設され、1891（明治24）年9月に青森まで達した。だが、その先には津軽海峡があるため、その後の国鉄は青森―函館間を運航する青函連絡船を1908（明治41）年に開設した。

本州と北海道を鉄道でつなぐという構想が持ち上がったのは意外に早く、大正後期のことだ。その後、遅々とした進捗ではあるが、ルート検討や地質調査が進められる中で、一気に計画を具体化させたのが洞爺丸《とうやまる》事故である。1954年9月、北日本を襲った台風15号によって青函連絡船洞爺丸が沈没するという海難事故が発生、千人以上の死者・行方不明者を出す大惨事となった。これを受けて、1961年3月にトンネルの建設が開始された。

それから27年後の1988年3月、ついに青函トンネルが完成した。津軽半島の今別町と渡島半島の知内町《しりうちちょう》を結ぶ全長53・85㎞、鉄道用・自動車用を合わせて世界一長いトンネルの誕生である。ところが、6年後の1994年3月には、ドーバー海峡の海底を潜り抜けてイギリスとフランスを結ぶ英仏海峡トンネル（英語では単にチャネルトンネル）が完成した。全長50・45㎞で、青函トンネルには約3㎞及ばない。

しかし、海底トンネルとしては英仏海峡トンネルが世界一長いという見方もある。青函トンネルは海底区間が23・3㎞（全体の43％）であるのに対し、英仏海峡トンネルの海底区間は37・9㎞（同75％）だからだ。青函トンネルの海底区間がこれほど短い理由は、海峡の水深と関係がある。青函トンネルの最深部がマイナス240ｍであるのに対し、英仏海峡トンネルの最深部はマイナス60ｍしかない。鉄道は勾配に弱いので、必然的に陸地区間が長くなるのである。

その後、2016年6月、スイスに全長57・1㎞のゴッタルドベーストンネルが誕生し、青函トンネルの世界一の座は奪われてしまった。ただし、現在の青函トンネルは狭軌と標準軌が共用する三線軌条となっており、ともに標準軌である前2つのトンネルと比べて、狭軌鉄道が走るトンネルとしては、今も世界一といえる。

16

日本で唯一、お寺が経営する鉄道はどこ？

鉄道会社が不動産やホテル、レジャー施設など他の事業も運営しているのは珍しいことではない。主だった鉄道会社のほとんどが鉄道以外の事業に参入している。ところが、鉄道事業に進出した宗教法人がある。

専用の軌道を通るのが鉄道事業で、道路に敷設されるのが軌道事業である。したがって、ケーブルカーや専用路線を持つモノレールも鉄道事業の範疇に入る。細かくいえば、ＪＲや私鉄、地下鉄などの普通鉄道に対し、ケーブルカーは鋼索鉄道という。前述の宗教法人の経営というのは、宗教法人鞍馬寺が運行する鞍馬山鋼索鉄道である。鉄道事業法の認可を受けた宗教法人はここだけで、１９５７年に運行を開始した。

鞍馬寺は京都市左京区にあり、「鞍馬の火祭」と天狗で有名だ。まだ牛若丸と称していた源義経が修行したと伝わる由緒ある寺院で、国宝や重要文化財など多くの文化財を収蔵している。新西国三十三箇所の十九番札所でもある。

鞍馬寺は京都盆地の北縁にそびえる鞍馬山の南側斜面に鎮座している。京都市内から叡山電鉄に1時間前後乗って鞍馬駅に行き、駅から鞍馬寺の本堂まではくねくねとした上り坂が続く。そこで参詣者への利便性を図るため、ケーブルカーが運行されているというわけだ。起点の山門駅から終点の多宝塔《たほうとう》駅まで、2分ほどで到着するというミニ路線である。長さはわずか191mで、日本一短い鉄道でもある。距離的には乗るまでもないが、標高差は89mもあるため、歩くには30分以上かかる。お年寄りや子供にはありがたい乗り物だといえる。

鞍馬寺は決して鉄道事業で収益を上げようとしているわけではない。だから運賃は原則無料だ。とはいえ、1口200円の寄付をした人だけが乗車できるという規則になっている。運賃を徴収すればたとえ少額でも課税対象になるが、寄付金だと非課税扱いになる。いかにも宗教法人らしい発想の料金システムである。

ケーブルカーを利用すると、途中の由岐神社に立ち寄ることができない。清少納言も歩いたと伝わる歴史の道でもあり、健康な人は歩くのがお勧めだ。

第3章

地下鉄の車両は、どこから地下へ入れるのか？

地下鉄の謎　おもしろ雑学

1 かつて地下鉄銀座線の渋谷駅は、地上3階にあった!?

巨大なターミナルは、地方から出てきた人にとって戸惑いやすい。池袋駅の東口に西武鉄道があって、西口に東武鉄道があるのはよく出てくる話題だが、同様に、渋谷駅では地上3階から地下鉄が出ていることも指摘される。

渋谷駅にはJR3路線（山手線、埼京線、湘南新宿ライン）と私鉄3路線（京王電鉄井の頭線、東京急行東横線および田園都市線）、それに東京メトロ3路線（半蔵門線、副都心線、銀座線）が乗り入れている。駅の改良工事が2009年頃から始まり、2013年3月には副都心線の開通とともに東急東横線の駅が地下化された。2020年6月には埼京線のホームが山手線横に移され、常に工事中の不便さと相まって、より複雑さが増した。2020年1月には、地下鉄銀座線のホームが東側に約130m（明治通りの上）移されたが、それ以前は東急百貨店の3階にあり、百貨店の2階からは山手線に行けたので、初めて見る人は誰だって驚いた。

なぜ地下鉄の駅が、こんなに高いところに設置されているのか。それは、渋谷が谷底にできた街だからだ。東京は広大な平地に発達した大都会のように思えるが、じつは非常に起伏が激しい都市である。東京23区内には3000以上の坂があるといわれる。渋谷にも道玄坂や宮益坂などがあり、いずれも渋谷駅に向かって下っている。

銀座線の渋谷駅が高い場所に設置されているのは、高低差を極力抑えて、急勾配区間を作らないための措置だったのである。ホームから発車した列車は、すぐにビルに吸い込まれてしまうのでどこから地下に入ったかはわからないが、この区間は大した勾配ではない。路線の勾配がきついのではなく、渋谷駅の標高が低いのである。

渋谷駅の地表の標高は約16m。これに対して、宮益坂方面に数百m行っただけで標高は30mに達する。もし、軌道を地下の一定の深さを保って造るとしたら、かなりの急勾配となる。それを避けるため、渋谷駅に高さ10m程度のホームを設け、都合25m前後の標高で運行できるようにしたのである。当然のことだが、駅を設置する場所が地表から深くなればなるほど建設費がかさむ。掘削費用の問題もあったのだろう。

2

地下鉄の乗換駅なのに、地上の道路を歩かなければならない駅がある!?

東京の地下鉄は複雑だ。合計300㎞以上の路線が、東京の地下に網の目のように張り巡らされている。駅数は東京メトロ（9路線、195・0㎞、180駅）と都営地下鉄（4路線、109・0㎞、106駅）を合わせて286駅もある（2021年3月末・乗換駅の重複を含む）。しかも、多くの駅が他線との乗換駅となっているため、営業マン以外に、地下鉄を自由に乗りこなせる人は数少ない。東京で最も早く開通した東京メトロ銀座線を例にとると、全19駅のうち13駅が乗換駅である。

乗換駅もスムーズに乗り換えのできる駅ばかりとは限らない。乗り換えるために、地下通路をとんでもなく歩かされることがある。大手町駅は4つの東京メトロ（丸ノ内線・東西線・半蔵門線・千代田線）と都営三田線が乗り入れており、丸ノ内線から三田線までは最短コースでも300m弱、しかも階段が多い。慣れている人が空いている時間帯に歩いたとしても5分はかかる。大手町駅は地下鉄最大のターミナル駅だから仕方ないにしても、2路線だけなのに一般道を延々と歩かされる乗換駅がある。

それが都営地下鉄の蔵前駅だ。都営浅草線と大江戸線にそれぞれ蔵前駅があり、乗換駅に指定されている。しかし、両駅は地下でつながっていないばかりか、いったん改札口を出て、車の往来が激しい春日通りと江戸通りを300mほど歩かなければならない。一般道を歩くということは、途中で銀行に立ち寄って用事を済ませることもできるし、飲食店に入って一休みすることも可能である。とはいっても、1時間以内に乗り換えする必要があるので、長い用事は無理である。

この乗り換えの煩わしさは、両駅の開業年の違いに理由がある。浅草線は1960年に、都営1号線として押上―浅草橋間で開業し、蔵前駅も同時に開設された。一方の大江戸線蔵前駅の開業は、その40年後の2000年。浅草線開業時には、蔵前駅での乗り換えなど想定していなかったのである。大江戸線の蔵前駅が建設されるとき、浅草線の駅のホームを少し北側に移して、両駅を地下の連絡通路でつなぐという計画もあったそうだが、予算の関係から実現には至らなかったという。

3 名古屋の地下鉄は、どうして「右回り」「左回り」というの?

全国で環状運転をしている鉄道は、東京の山手線、大阪環状線、名古屋の名城線、札幌市電の4路線があるが、このうち地下鉄で環状運転しているのは全国で唯一、名城線だけである。名城線は全長26・4㎞で山手線(34・5㎞)より短いものの、大阪環状線(21・7㎞)より長い。1965年に栄―市役所間が開業したのを皮切りに、順次路線を延ばしていき、2004年に名古屋大学―新瑞橋間が開通して環状線が完成、同時に環状運転を開始した。

山手線、大阪環状線、札幌市電とも複線化されており、列車の進行方向によって「内回り」「外回り」という呼び方をしている。鉄道も、道路を走る自動車と同じように、基本的には左側通行だから、時計回りの列車は、反時計回りの列車に対して外側を走ることになる。

しかし、名城線は「内回り」「外回り」ではなく、「右回り」「左回り」と呼んでいる。なぜかというと地下鉄だからだ。名城線は、全区間が地下を走っている。だから外の景色が見えない。そのため、列車が内側の線路を走っているのか、外側の線路を走っているのかわかりにくく、「内回り」「外回り」だと利用客が迷う恐れがある、というのが「右回り」「左回り」を採用した理由のようだ。乗っている分には、走行中に右に回っているか左に回っているかわからないと思うのだが、普段から利用している人で路線図が頭に入っていれば迷わないのだろう。

ちなみに、山手線は2020年3月に高輪ゲートウェイ駅ができて30駅となった。名城線には28の駅があって山手線より少なく、路線距離も山手線より8・1㎞短いので、平均の駅間距離は0・94㎞と山手線の1・15㎞よりやや短い。

名城線で気をつけなければならないのは、大曽根《おおぞね》―金山《かなやま》間では名港線（金山―名古屋港）も乗り入れ、しかも同じホームを使っているので、環状線だと思い込んで列車に乗り込むと、名港線に乗り入れて名古屋港方面へ行ってしまう恐れがある。そのため環状線とはいっても、きちんと行き先を確認する必要がある。

4 21世紀まで生き残っていた「営団地下鉄」とは？

東京メトロが2004年4月に民営化されるまでは、「営団地下鉄」と呼ばれていた。大阪市営地下鉄は2018年4月、大阪市交通局の管轄から、大阪市の全額出資による大阪市高速電気軌道株式会社に移管され、「Osaka Metro」という愛称となった。表記を英字としたのは「海外の方が大阪を訪れたときに、ひと目でわかってもらうという意味」（吉村洋文大阪市長・当時）だそうだ。なお、東京メトロも愛称で、正式名は東京地下鉄株式会社という。営団地下鉄も愛称というか通称で、こちらの正式名称は帝都高速度交通営団だ。それにしても、営団地下鉄の「営団」とは一体何か。その実態を、日本で初めての地下鉄である銀座線からたどってみよう。

じつは、銀座線は2つの民間会社による路線をつなげたものである。1927（昭和2）年12月、東京地下鉄道株式会社によって上野―浅草間に2・2kmの日本初の地下鉄が開業した。東京地下鉄道の創始者は「地下鉄の父」と呼ばれる早川徳次《のりつぐ》である。「東洋唯一の地下鉄道」というフレーズで話題を集め、連日超満員の盛況ぶりだった。東京地下鉄道は1934年に新橋まで延伸し、浅草—新橋間の営業運転を始めた。

一方、1934年に東急・五島慶太が実質的に経営を握る東京高速鉄道株式会社が設立され、5年後の1939年1月に、渋谷—新橋間が開業した。これによって渋谷から浅草までつながった形になったが、すぐには直通運転が行われなかった。その本質的な理由は、早川・五島という両巨頭が反目し合っていたためといわれる。

同年9月に直通運転が始まったが、五島が東京地下鉄道の株を買い占めたこともあって、両社の関係はその後もぎくしゃくしていた。しかし、これでは帝都東京の円滑な交通体系を実現できないばかりではなく、経済的な損失も大きい。また時節柄、戦時統合の動きもあって、交通体系の統合と経営の一元化を図るべく、1941年に帝都高速度交通営団が設立され、東京地下鉄道と東京高速鉄道が統合されたのである。これによって東京の地下鉄建設は、営団地下鉄が一手に担うこととなった。

営団とは、1941年に制度化された特殊法人のことである。官民協力の趣旨もあるとされるが、実態は国が管轄する。営団地下鉄のほかにも、厚生省所管の住宅営団（旧同潤会）、農林水産省所管の農地開発営団があり（以上「三営団」）、そのほかにもいくつかの営団が設立された。戦後、ＧＨＱの指令により、営団地下鉄以外の営団が解体された。帝都高速度交通営団の「帝都」は「皇居のある都」を指すが、「大日本帝国の首都」という意味もある。「営団」「帝都」ともに、戦前のにおいがする帝都高速度交通営団が、ごく最近まで生き残っていたわけである。

東京の地下鉄は、しばらくは営団地下鉄の独壇場だったが、１９６０年に都営地下鉄が浅草線を開業した。なお、銀座線は１９５３年に正式に銀座線と命名された。

東京、大阪市、名古屋市以外で地下鉄が走る都市は、札幌市、仙台市、横浜市、京都市、神戸市、福岡市。いずれも市営である。なぜ、地下鉄は民間でなくて公営なのかというと、地上に敷設するよりはるかに建設費がかかるため、営利目的ではなく長期の資金回収が可能な公共機関がふさわしいためである。地上の私鉄ならば沿線開発等によりいろいろな形で収益増が図れるが、都心の地下鉄沿線ではそれが難しい。民間であれば、やはり営利追求が求められるからだ。

《《《 東京メトロ線路一覧 》》》

路線名	区間（起点ー終点）	路線 距離	駅数 車両数※2	開業
銀座線	浅草ー渋谷	14.2km	19駅 240車両	1927年12月 （浅草ー上野）
丸ノ内線	本線）池袋ー荻窪 支線）中野坂上ー方南町	24.2km 3.2km	28駅 336車両	1954年1月 （池袋ー御茶ノ水）
日比谷線	北千住ー中目黒	20.3km	22駅 308車両	1961年3月 （南千住ー仲御徒町）
東西線	中野ー西船橋	30.8km	23駅 520車両	1964年12月 （高田馬場ー九段下）
千代田線	本線）綾瀬ー代々木上原 支線）綾瀬ー北綾瀬	21.9km 2.1km	20駅 398車両	1969年12月 （北千住ー大手町）
有楽町線	和光市ー新木場	28.3km	24駅 （560車両） ※3	1974年10月 （池袋ー銀座一丁目）
半蔵門線	渋谷ー押上	16.8km	14駅 250車両	1978年8月 （渋谷ー青山一丁目）
南北線	目黒ー赤羽岩淵	21.3km	19駅 138車両	1991年11月 （駒込ー赤羽岩淵）
副都心線	小竹向原ー渋谷	11.9km ※1	11駅 （560車両） ※3	2008年6月 （池袋ー渋谷）
合計		195.0km	180駅 2750車両	

※1　副都心線の運転区間は和光市ー渋谷間の 20.2km
※2　2021 年 3 月末現在
※3　有楽町線と副都心線の合計

出典）東京メトロ HP より編集

5 同じ都営地下鉄なのに、なぜ路線によって軌間が違うの？

レールの幅を表す軌間（英語ではゲージ：gauge）に、「狭軌」「標準軌」「広軌」があることは1章で述べた。補足するとすれば、ロシアやウクライナ、ベラルーシといった旧ソビエト連邦諸国では１５２４㎜（5フィート）が主に使われている。また、インド、パキスタン、スリランカでは１６７６㎜（5フィート6インチ）が主流だ。

狭軌については、台湾の在来線では日本と同様の１０６７㎜を採用し、新幹線に当たる台湾高速鉄道では標準軌（１４３５㎜）を採用している。ほかによく使われた狭軌として、日本でもかつて多くの地域で走っていた軽便鉄道の７６２㎜がある。２フィート6インチなので「二六（ニブロク）軌間」とも呼ばれる。１０６７㎜＝３フィート6インチは「三六（サブロク）軌間」だ。１３７２㎜は日本では馬車鉄道が採用、そのため「馬車軌間」とも呼ばれる。そのまま路面電車の軌間に引き継がれた。

ところで、都営地下鉄は路線によって軌間が異なっている。浅草線と大江戸線は標準軌の１４３５㎜、新宿線は１３７２㎜、三田線は１０６７㎜だ。浅草線で使っていた車両を、三田線で使うというわけにはいかず、いかにも不合理である。

それは、私鉄など他の路線との相互乗り入れを前提にして敷設されたからである。都営地下鉄で最初に開業した浅草線は、当初は営団地下鉄が建設する計画だったので、軌間は銀座線や丸ノ内線と同じ１４３５㎜に決定していた。だが、１３７２㎜の京成電鉄との相互乗り入れをするには、どちらかの路線の軌間を変更せざるを得ない。これは京成側が譲歩して１４３５㎜に改軌して、相互乗り入れを果たした。

都営三田線は、目黒駅で軌間１０６７㎜の東急目黒線と相互乗り入れを行っている。また、都営新宿線は京王線に合わせて軌間１３７２㎜で建設したことにより、京王線との相互乗り入れを実現させている。

なお、東京メトロでは銀座線、丸ノ内線に次いで日比谷線（１９６１年開業）と東西線（１９６４年開業）が古いが、当時すでに東急東横線や国鉄と相互乗り入れが決まっており、日比谷線以降は１０６７㎜になっている。

6 地下鉄は、深ければ深いほど高くなる!?

東京メトロと都営地下鉄の運賃を比べた場合、都営地下鉄のほうが高いことはほとんどの人が気づいているだろう。料金体系を比べると、初乗りこそ東京メトロ170円、都営180円とあまり変わらないが、以降は東京メトロが7~11km（1km未満の端数は切り上げ）200円、12~19km250円、20~27km290円、28~40km320円であるのに対し、都営は5~9km220円、10~15km280円、16~21km330円、22~27km380円、28~46km430円と、距離が長くなるにつれて差が開いていく。

運賃は当然ながら収益性を反映したもので、収益性には開業年度とエリアが大きく影響してくる。戦前から高度経済成長期までに5路線（銀座線・丸ノ内線＝1954年、日比谷線・東西線・千代田線＝1969年）を開業していた東京メトロに対し、都営地下鉄は浅草線の1960年が最初で、三田線が1968年の開業だ（全通1976年）。遅ければ遅いほど用地確保に資金がかかるが、地下鉄の場合、後発になるほど深い地中に建設する必要があるので、その分の費用が大きい。

たとえば、大江戸線にある六本木駅は、日本一深いところにある地下鉄駅で、地表から42・3mの地中にある。これは7階建のビルに相当する。そのため、改札口を通り抜けてホームにたどり着くまでには、エスカレータやエレベータを何度も乗り継がなければならない。副都心線の渋谷駅も地下深くにあるが、地表から30mである。ちなみに、地下鉄駅の深さランキング上位10駅の中に、大江戸線の駅が5駅もある。

エリアについては、東京メトロはドル箱路線の銀座線、丸ノ内線があるうえに、他の路線を見ても、都営地下鉄とはかなり差がある。

東京の地下に、事業主体が異なる地下鉄が走っているのは何かと不便である。隣り合っている駅でも改札口を通り、また新たに運賃を払う必要がある。都営地下鉄と東京メトロの乗り継ぎの利便性を高めるためにも、経営の一元化を実現させることが急務だが、都営地下鉄の長期債務と累積赤字が足かせになっている。

《《《 東京の地下鉄の最大深度 》》》

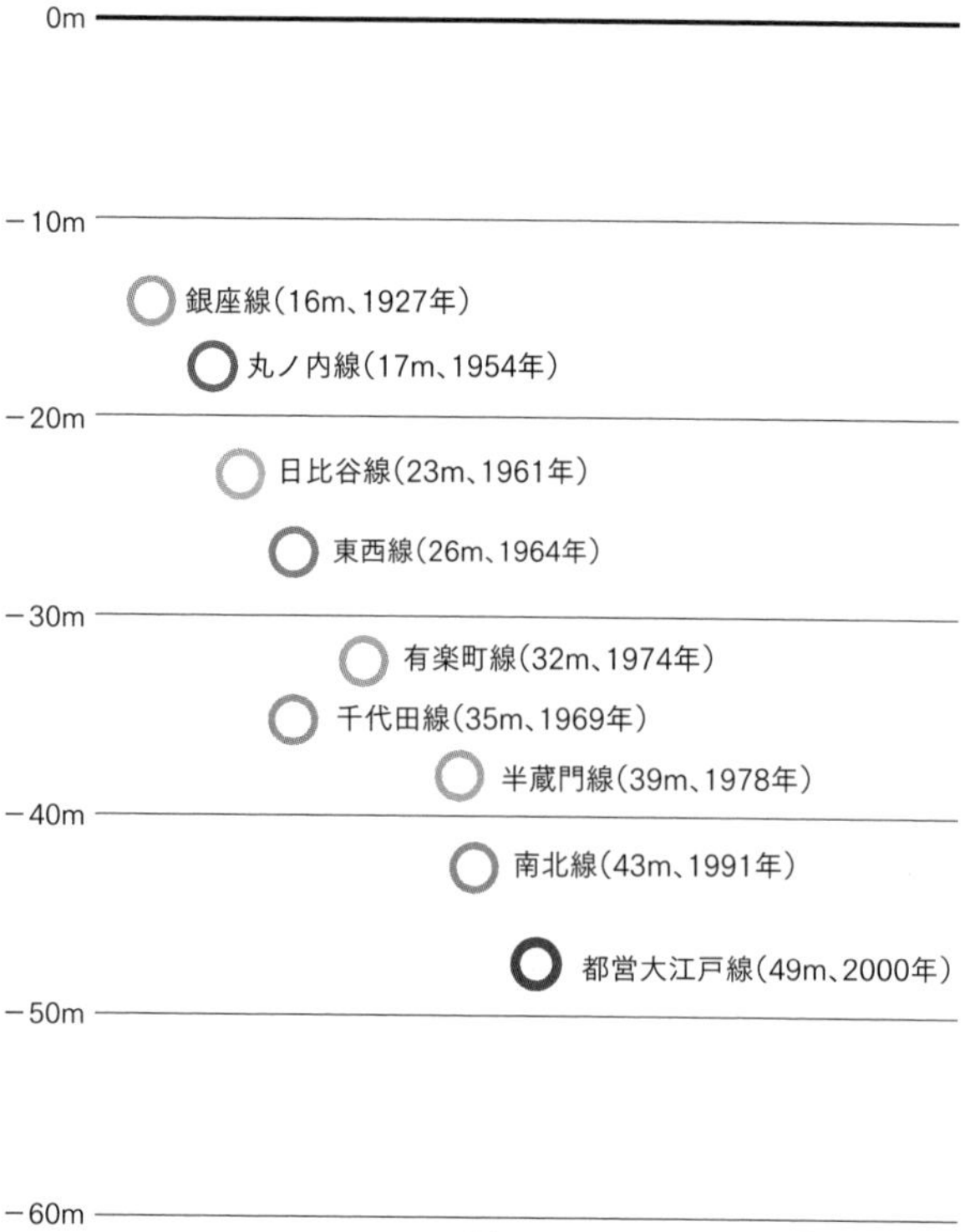

出典)国土交通省パンフレット「大深度地下」

7 東京23区で地下駅のない区はどこか？

東京メトロと都営地下鉄の路線距離の合計は前述したとおり304㎞。東海道本線に置き換えれば、東京駅から愛知県の豊橋駅あたりに達する。以下、大阪市が137・8㎞、名古屋市93・3㎞、横浜市53・4㎞、札幌市48・0㎞、神戸市38・1㎞、京都市31・2㎞、福岡市29・8㎞、仙台市28・7㎞と続く（2021年3月末）。

東京の地下鉄駅の数は前述のとおり、東京メトロ180駅、都営地下鉄106駅、合計286の駅がある。ここから乗換駅による重複分と、23区外にある駅を差し引いてもけっこうな数といえる。しかし、地域差が著しく、千代田区のように面積は狭いのに地下鉄の駅が40以上もある区がある一方で、一つも地下鉄の駅がない区がある。それが、世田谷区と葛飾区である。

世田谷区には地下鉄こそ乗り入れていないものの、東急田園都市線は渋谷―二子玉川間が地下を走っており、世田谷区内にある池尻大橋、三軒茶屋、駒沢大学、桜新町、用賀の5つの駅が地下駅になっている。したがって、地下鉄も走っていなければ地下駅もないのは、23区で唯一、葛飾区だけだということになる。葛飾区は23区の東北端に位置し、千葉県と埼玉県に隣接している。葛飾区に地下鉄は走っていないが、ＪＲの総武本線と常磐線、それに京成本線、京成押上線、京成金町線、京成成田空港線、北総鉄道が区内に乗り入れている。

なお、東京メトロ半蔵門線は、現在は渋谷駅と墨田区の押上駅を結んでいるが、将来的には押上駅から千葉県松戸市まで延伸する構想もある。これが実現すれば、半蔵門線は葛飾区内を通ることになるので、居住地として人気が高い世田谷区だけに地下鉄駅がないというのも皮肉である。

8 地下鉄なのに、複々線区間があるってホント？

地方を走っている鉄道には、忘れた頃にしか列車がやってこない、のどかなローカル線が少なくない。発着本数が少ない路線はほとんどが単線である。だが、幹線鉄道や大都市周辺の路線は、ほとんどが上り路線と下り路線のある複線化になっており、上り・下りで2本ずつある複々線も少なくない。

たとえば、JR東海道本線では東京―小田原駅の83・9kmが複々線になっているし、東海道本線と山陽本線にまたがる草津―西明石間120・9kmも複々線区間である。東京、名古屋、大阪を走る大手私鉄の主要路線もほぼ複々線化されている。このほか短い区間も含めれば、30カ所ほどの複々線区間がある。なお、小田急電鉄の登戸―向ヶ丘遊園間のように、上り2本、下り1本といった「三線」もごく一部ある。

複々線は列車の追い越しができるので、特急や急行、快速、普通など種類の異なる列車を走らせることができる。効率的にダイヤを組むことができ、輸送力が大幅にアップする。このようにメリットは大きいが、幅の広い用地や高架化が必要になってくる。地上でも複々線化は大変なのだから、建設費のかさむ地下鉄にはないと考えるのが普通だろう。

ところが、同一路線の複々線とは異なるが、2路線が同じ場所を走る路線別複々線になっている箇所がある。その1本が東京メトロ有楽町線だ。有楽町線は、埼玉県の和光市駅と江東区の新木場駅を結ぶ全長28・3㎞の路線で、1974年に池袋―銀座1丁目間が開業し、1988年に新富町―新木場間が延伸された。

もう1本は東京メトロ副都心線で、2008年6月に小竹向原駅と渋谷駅を結ぶ全長11・9㎞で開業した。しかし、小竹向原駅から西の和光市駅までは、有楽町線の線路を共用する形で、副都心線の路線に組み入れている。駅などの施設も有楽町線と共用だ。一方、小竹向原駅から東の池袋方面は有楽町線のレールと別々になり、2駅先の要町《かなめちょう》駅までは有楽町線の真下を走行し、そこから池袋駅まで並走している。この小竹向原―池袋までの3・2㎞が、全国で唯一の地下鉄の複々線区間なのである。

《地下鉄の複々線区間》

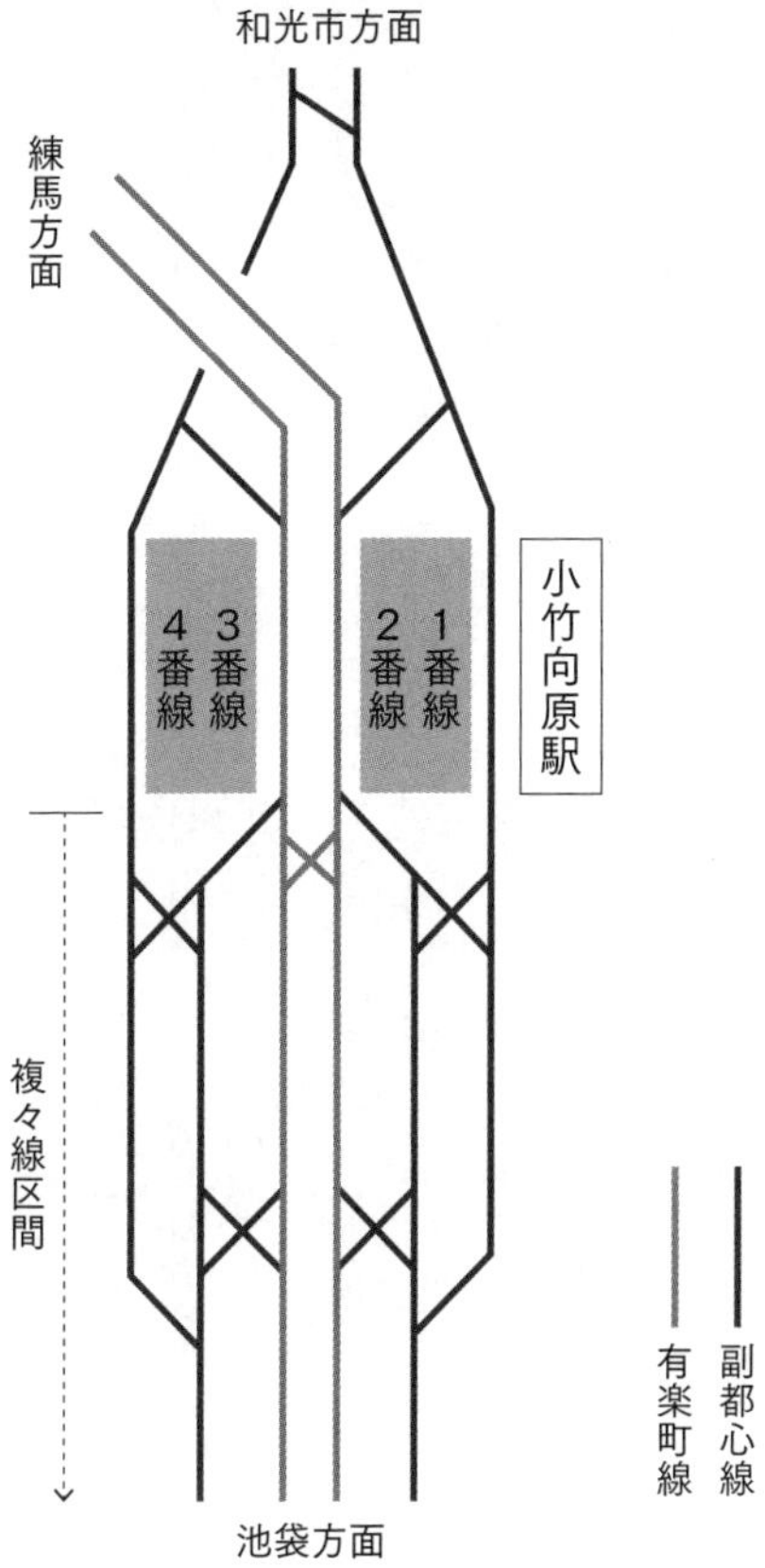

9 大阪の地下鉄は「鉄道」ではなく、なぜ「軌道」なの？

鉄道と軌道の違いはこれまでにも何度か触れてきたが、要はレールが専用の用地にあるのか道路にあるのかの違いである。しかし、現実的に鉄道と軌道はそれほど単純に分けられるものではない。大きな理由は、根拠法が別々だからだ。

鉄道は鉄道事業法第61条で「鉄道線路は、道路法による道路に敷設してはならない。ただし、やむを得ない理由がある場合において、国土交通大臣の許可を受けたときは、この限りでない。」とある。これに対して、軌道は軌道法第二条に「軌道ハ特別ノ事由アル場合ヲ除クノ外之ヲ道路ニ敷設スヘシ」とある。軌道は特別の事由がない限り道路に敷設せよ、という意味だ。カタカナ遣いでわかるように大正時代の法律だ。

もともと鉄道事業は運輸省の所管で、軌道事業は建設省と運輸省の共管だ。今や、統合されて国土交通省になったから同じ所管になったといえるが、鉄道事業は「許可」で軌道事業は「特許」というように、細かいところにも違いはある。

実際に鉄道と軌道の区別は明確ではない。たとえば、道路を走る区間のある江ノ島電鉄は鉄道だ。一方、両側が道路になっている箇所はあるものの、全線が専用スペースの名古屋鉄道豊川線は軌道だ。「やむを得ない理由」や「特別ノ事由」があれば、専用スペースと道路の混在はOKなのである。広島電鉄の場合、広島駅から出る本線など、市内を走る路線は軌道だが、宮島口に延びる宮島線は鉄道というようにきちんと区別している。もちろん、広島駅から宮島口まで乗り換えは不要である。

地下鉄は地下を走るのだから、どう考えても専用スペースなのだが、地下鉄で唯一、大阪市の地下鉄だけが軌道である。大阪市は地下鉄について、道路の地下に線路を敷設するもので、道路と一体化しているので鉄道ではなく軌道だと主張し、1933（昭和8）年に完成した御堂筋線を軌道と申請して開業している。それ以降、大阪の地下鉄はすべて道路の整備事業と一体となった軌道として建設されているのだ。ただし、第3セクターの大阪港トランスポートシステムから引き継いだ区間と、南港ポートタウン線（ニュートラム）の大半部分は鉄道線である。

10

長さが1kmに満たない地下鉄路線がなぜあるの？

日本の地下鉄はいずれも大都市部のみを走っている。そのため、都市部以外から通じている鉄道に比べれば路線距離は短い。たとえば、東京メトロと都営合わせて最も長い大江戸線は、環状部と放射部を合わせて40・7km、最短の副都心線は11・9kmだ。

しかし、10km以下という路線はない。東京メトロには丸ノ内線分岐線（中野坂上―方南町）の3・2km、千代田線支線（綾瀬―北綾瀬）の2・1kmという短い路線もあるが、これはあくまでも分岐線や支線だ。ところが独立した路線で、0・8kmという路線がある。それが名古屋市営地下鉄の上飯田線で、平安通駅から上飯田駅まで1区間だけという日本一短い地下鉄路線なのである。徒歩でも10分余りで到達できる。

上飯田駅は名古屋鉄道小牧線（上飯田―犬山）の起点駅である。上飯田駅は名古屋市の外れに位置しており、名古屋の中心部と鉄道で結ばれていない。そのため、以前は小牧・犬山方面からの乗客が名古屋の中心部に向かうには、名鉄上飯田駅で下車し、そこから市営地下鉄の平安通駅まで、10分ほど歩かなければならなかった。その徒歩区間が、地下鉄上飯田線の0・8㎞なのである。

かといって地下鉄の上飯田線は、平安通駅と上飯田駅の0・8㎞の区間をピストン運行しているわけではない。名鉄小牧線と上飯田線が、相互運転を行っているのだ。線路や施設などは第3セクターの上飯田連絡線が所有しているが、名古屋市が地下鉄の路線として運営している。上飯田線の開業により、名鉄小牧線と名古屋の都心へ向かう地下鉄名城線との連絡がスムーズになった。わずか0・8㎞の区間とはいえ、中心部へのアクセスが格段に向上したばかりではなく、JR中央本線や名鉄瀬戸線との連絡も容易になった。それに、上飯田駅は名古屋北部のターミナル駅のため、バス路線が過密気味だったが、上飯田線の開業でバス運行の混雑緩和にも貢献している。

名鉄小牧線と市営地下鉄の相互運転が、上飯田線を建設した主な目的なので、地下鉄上飯田線の軌間は名鉄小牧線と同じ1067㎜である。環状運転をしている標準軌の名城線とは異なっている。

11 地下鉄の車両は、どこから地下へ入れるのか？

地下鉄路線が新しく建設されたとき、車両はどこから地下へ入れるのだろう。これは誰もが抱く素朴な疑問である。言われてみれば、地下鉄は基本的には市街地の地下を走る高速鉄道なので、列車を地下に搬入しなければならない。このテーマはかつて漫才のネタにもなったが、あながち一笑に付すだけでもない。

もっとも、地下鉄には地上を走っている区間もあるので、そういった路線では地上区間から列車を走らせていけば、自然に地下に潜っていける。また、たとえ地上区間がない路線でも、ＪＲや私鉄と相互運転している路線であれば、地上区間がある地下鉄路線と同じように、そのまま地下に潜っていくことができる。

問題なのは、全区間が地下を走っている路線の場合だ。どのようにして、地下に敷かれている線路上に車両を運んでいるのか。地下トンネルを掘削するとき、車両をあらかじめ地下に運び込んでおけばよいだとか、地下で車両を製造しているのだとか、それぞれが好き勝手なことを言って、話が大いに盛り上がるものである。

どの鉄道にも車両基地がある。JRも大手私鉄も中小の私鉄も、そして第3セクターの鉄道も車両基地を備えているものである。地下鉄にも、ちゃんとした車両基地がある。しかし、地下鉄だからといって、車両基地が地下にあるとは限らない。地上に車両基地がある場合は、地上から地下に向かってトンネルが設けられており、そこから車両は地下に潜ってレールの上を走らせていくわけである。

では、車両基地が地下に設けてある場合はどうか。列車をそのまま走らせて、地下に潜らせるというわけにはいかない。地下の車両基地の近くに、車両の搬入口が設けてある。そこから大型のクレーンで、車両を一両ずつ地下へ下ろしていくのである。そして、地下の車両基地で車両に車輪を取り付けたり、車両を連結したりして運転できる状態にするのだ。車両の搬入口は、ある程度の敷地が必要なので、公園の一角に搬入口が設けられていたりする。普段は扉が閉められているので、そこが車両の搬入口だということは一般の人には気づかれないことが多いようだ。

第4章

発着本数が日本一多いホームはどこ?

駅と駅名の謎　おもしろ雑学

1 赤穂線の備前福河駅が、なぜ兵庫県にあるの？

瀬戸内海沿岸を走っているＪＲ赤穂線に、「備前福河《びぜんふくかわ》」という無人駅がある。備前は岡山県東南部の旧国名だから、誰だって岡山県にある駅だと思うだろう。ところが、備前福河駅があるのは兵庫県赤穂市だ。「備前」とつくのも不思議だが、「福河」という地名が赤穂市にないのも不思議だ。備前福河駅の周辺の地名は「福浦」という。

種を明かせば、備前福河駅が兵庫県にあるのは越県合併が原因だったのだ。つまり、岡山県にある自治体が、県境を越えて兵庫県の自治体と合併して兵庫県の一部になったというだけの話である。

１９５５（昭和30）年3月に備前福河駅が開業した当時は、駅の所在地は岡山県福河村だった。その福河村は１８８９（明治22）年6月、福浦村と寒河村が合併して発足した村で、福浦村の「福」と寒河村の「河」を取って「福河」と命名されたのである。福河村は古くから兵庫県の赤穂との経済的な結びつきが強く、赤穂との合併は大きな課題になっていた。しかし、県境という高いハードルを越えることは容易ではなく、実現には至らなかった。

昭和になって、1953年10月に合併促進法が施行され、越県合併が可能になったことにより、赤穂市との合併が現実味を帯びてきた。だが、福河村のすべての住民が合併に賛成していたわけではなかった。赤穂市に隣接する旧福浦村の住民は合併に乗り気だったものの、旧寒河村の住民は西に隣接する岡山県日生《ひなせ》町との合併を望んだのである。そのため、旧福浦村と旧寒河村の意見が激しく対立し、村議会は紛糾した。

1955年3月、福河村は日生町と合併したものの、村内の意見が対立して収拾がつかなくなったため、1963年9月、旧福河村の福浦地区だけが日生町から分離して、赤穂市に編入されることになった。備前福河駅が岡山県赤穂市にあるのは、そのような理由があったからなのだ。備前福河駅の西隣にある駅は、岡山県にある寒河駅で、駅の周辺は「日生町寒河」という地名である。福浦地区と寒河地区に分裂する前の福河村という村名は、小地名としても残っていない。

2

山手線の目黒駅が品川区にあるワケ

東京の都心部を環状運転している山手線には30の駅が設置されており、その中に「目黒のさんま祭り」で知られる目黒駅がある。目黒駅は東急目黒線のほか、東京メトロ南北線と都営地下鉄三田線が乗り入れる山手線のターミナル駅の1つだ。その目黒駅が目黒区ではなく、品川区にあることをご存知だろうか。目黒駅の西100mほどに境界があり、そこから東が品川区、西が目黒区なのである。

1885（明治18）年3月、日本鉄道品川線の駅として「目黒駅」が開業した。このとき、現在の山手線の駅で開業していたのは、品川駅、新宿駅、渋谷駅、目白駅（目黒駅と同時開業）、上野駅、新橋駅のみである（ただし、現在の新橋駅は1909年に開設された烏森駅に当たる）。また、目黒区も品川区もまだ存在せず、両区とも荏原郡に属していた。目黒区と品川区が誕生したのは、荏原郡が東京市に編入された

1932（昭和7）年10月のことである。目黒区は目黒町と碑衾《ひぶすま》町が合併して発足し、品川区は品川町・大井町・大崎町の3町が合併して発足したもので、開業当時の目黒駅は大崎村にあった。大崎駅が開業したのは1901（明治34）年2月だから、大崎駅にしてもよさそうなものだが、なぜ目黒駅なのだろうか。

山手線は日本鉄道が品川―赤羽間に建設した品川線をルーツとしているが、当初、目黒駅付近のルートは現在とは違って、目黒川沿いに建設される計画だった。線路は現在のルートより西側を通り、駅も下目黒村（後の目黒町）に設置される予定だった。ところが、沿線の住民たちが農作物に被害が及ぶことなどを恐れて鉄道建設に反対したため、ルートを変えざるを得なくなり、当初の計画よりやや東側の大崎村を通すことになったのだという。

名前を大崎駅にしなかったのは、駅が開業した当時では、大崎より目黒のほうが知名度は高かったから、という説もある。目黒駅の近くには目黒川が流れているし、「江戸五色不動」の1つの目黒不動も駅からほど近くにある。そのため、目黒駅にしたほうが地域の人にはわかりやすかったのかもしれない。

3 品川駅の南にある駅が、なぜ北品川駅なの？

品川駅は東海道新幹線のほか、京浜東北線や山手線などの在来線と京浜急行本線が乗り入れる一大ターミナル駅である。近い将来、リニア中央新幹線が開業した際には発着点となることが決定している。品川駅の次の駅は、現在の橋本駅付近の神奈川県駅（仮称）で、そうなった暁には存在感はますます増しているだろう。

品川駅も前項の目黒駅同様、駅名と区名が一致しない駅として有名である。品川駅を横浜方面に発車したすぐのところに境界があり、そこから南が品川区、北が港区である。実話ではないが、品川区役所に用のある人が品川駅に降り立ち、タクシーの運転手に「区役所まで」と告げたら、港区役所へ連れていかれた、などということがあるかもしれない。

品川駅は最先端の駅になるとともに、日本で最も古い駅といえる。1章でも述べたが、日本で最初に鉄道ができたのは1872(明治5)年旧暦9月12日とされ、新暦に当たる10月14日が「鉄道の日」になっている。このときの新橋—横浜間の駅が新橋・品川・川崎・鶴見・神奈川・横浜の6駅。しかし、その4カ月前の旧暦5月7日(新6月12日)、安全確認と乗務員訓練のため、品川—横浜間で仮開業された。このとき開業していたのは品川駅と横浜駅だけ。ただし、当時の横浜駅は現在の桜木町駅だから、同じ名前で同じ場所にある駅としては、品川駅が日本最古である。なお、当時の新橋駅は後に貨物専用の汐留駅となってその後廃止。神奈川駅はその後廃止され、現在の京急神奈川駅とは別。川崎駅の開業は1872年旧暦6月5日(新暦7月10日)。鶴見駅は旅客営業開始としては同年旧暦9月13日である。

江戸時代の品川は、東海道五十三次の最初の宿場町として賑わっていた。江戸四宿といわれた千住宿(日光街道)、板橋宿(中山道)、内藤新宿(甲州街道)の、他の3宿と比べてダントツで規模が大きかったから、駅名を品川駅としたのは極めて常識的な判断だった。ところが、品川宿の人々は鉄道建設に猛然と反対したのである。やむを得ず、宿場から遠く離れた高輪(当時は高輪南町)に駅を設置することにしたのだ。

1889年5月、15の区から成る東京市が発足し、高輪地区は芝区の領域になった。1932年には、隣接する5郡82町村を編入して新たに20区を新設し、35区からなる東京市が誕生した。戦後、1947(昭和22)年に35区から23区に再編されたが、芝区、赤坂区、麻布区の3区は統合されて港区になった。品川駅が港区にあるのは、そういった理由による。

不可解なのは、品川駅から南へ600mほど行ったところに北品川駅があることだ。品川駅はJRの駅、北品川駅は京浜急行の駅という違いはあるが、品川駅の南にある駅なのになぜ南品川駅ではなく北品川駅なのか。前述のとおり、品川駅が当初の計画より北に建設されたことを知っていれば、おのずと答えは出てくるだろう。

東海道五十三次の品川宿は、北は京浜急行本線の北品川駅あたり、南は青物横丁駅あたりまでの東海道沿いに形成されていた。北品川駅は品川宿の北にあるので、位置も由来も正しく反映しているのである。駅の所在地も「品川区北品川一丁目」で、駅名と地名は完全に一致している。「港区高輪三丁目」にある品川駅のほうが、駅名に問題があるといえそうだ。

《《 品川駅と目黒駅は何区にある？ 》》

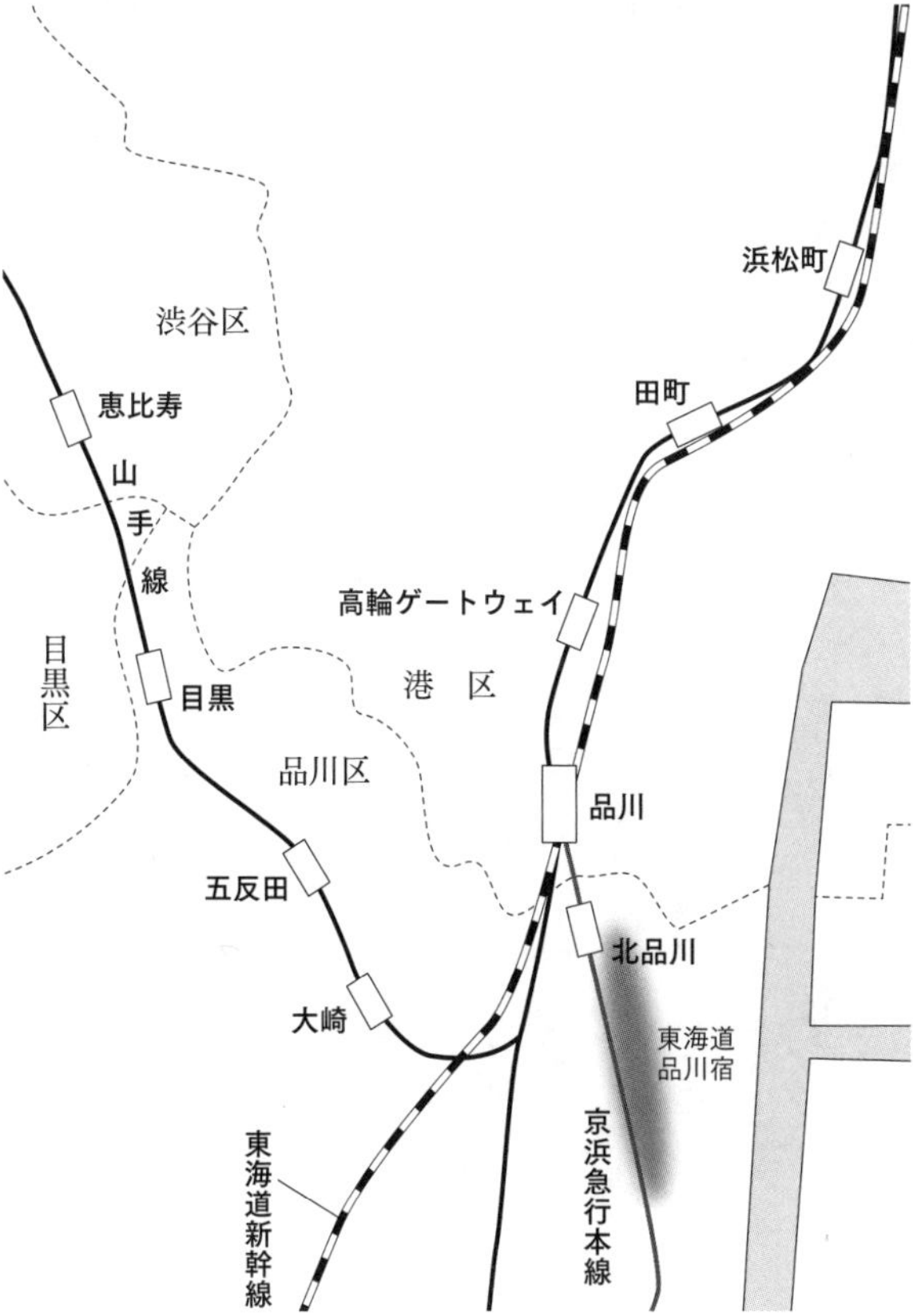

4 大学があったりなかったりする、大学名の駅

鉄道駅には、大学の名を採用しているケースが少なくない。利用者の便宜を図る意味もあれば、鉄道会社のＰＲの意味もある。

神奈川県秦野市にある小田急電鉄小田原線の東海大学前駅は、駅の近くに東海大学のキャンパスがある。１９２７（昭和２）年に開業した当時は、大根駅という名前だった。ダイコンではなく、秦野市と合併した１９５５年以前の大根《おおね》村に由来する。駅の改修費用を東海大学が出資するという見返りに、１９８７年に大根駅から東海大学前駅に改称された。駅前には大根駅当時を伝える石碑が設置されている。

その反対に、大学名がついているのに、付近に大学が見当たらない駅もある。その代表的な2例が、奇しくも東京急行東横線に隣り合って存在する。しかも、学校の誘致成功によって元々の駅名を改称し、さらに校名の変更に合わせて駅名を改称し、結

局は大学が移転してしまったことまで共通している。

1つは都立大学駅だ。1927年に柿の木坂駅として開業したが、旧制府立高等学校の誘致・移転により1931年に府立高等前駅に改称し、翌年、府立高等駅に改称した。1943年、東京府が東京都となり、学校も都立高等学校となったことから駅名も都立高校駅に改称した。なお、府立高（等学）校も都立高（等学）校も、本学固有の名称である。戦後の学制改革で都立高校が東京都立大学に改組され、駅名も1952年に現駅名に改称した。東京都立大学は1991年に八王子に移転したが、その後、首都大学東京に移管されたことから2011年に廃学となった。こうして、都立大学の名前は駅名にのみ残されることとなったが、2020年に首都大学東京が東京都立大学に改組された（旧東京都立大学とは別法人）。

もう1つの学芸大学駅は、1927年に碑文谷《ひもんや》駅として開業し、東京府青山師範学校の誘致・移転により1936年に青山師範駅に改称、1943年に校名変更に伴い第一師範駅に改称した。戦後になって東京学芸大学がスタートしたことに伴い、現駅名に改称した。東京学芸大学は1964年に小金井キャンパスに統合されたが、附属高校は今も残っている。

　都立大学駅も学芸大学駅も、長い間地元の人たちに親しまれてきた駅名であり、イメージ的にも好感が持たれていることから、駅名はそのままのほうがいいということになったようだ。

　千葉市を走っている京成電鉄千原線に「学園前」という駅がある。１９９５年に開業した駅で、駅の近くに千葉明徳短期大学や高校などがあるので、それに関係する駅名と思うかもしれないが、じつはそうではない。駅の近くに、明治大学のキャンパスが建設される計画があったことから生まれた駅名だったのである。しかし、明治大学の建設計画は白紙に戻ってしまったのだ。なお、学園前駅という名前の駅は札幌市営地下鉄東豊線と近鉄奈良線にもある。

　ＪＲ山陰本線には鍼灸大学前（京都府南丹市）という、大学に関係していそうな駅がある。１９９６年に開業した比較的新しい駅だが、どこにも鍼灸大学という名前の大学はない。移転してしまったのかというとそうではなく、開業時には駅の近くに明治鍼灸大学があり、２００８年に同大学が明治国際医療大学に改称したのである。

《《《具体的な大学名の入った主な駅》》》

	駅名	路線名
北海道	北海道医療大学駅	JR 札沼線
青森県	弘前学院大前駅	弘南鉄道大鰐線
宮城県	東北福祉大前駅	JR 仙山線
福島県	福島学院前駅	阿武隈急行線
栃木県	自治医大駅	JR 東北本線
群馬県	高崎商科大学前駅	上信電鉄上信線
埼玉県	獨協大学前駅	東武伊勢崎線
千葉県	船橋日大前駅	東葉高速鉄道
東京都	駒沢大学駅	東急田園都市線
東京都	成城学園前駅	小田急小田原線
東京都	東大前駅	東京メトロ南北線
東京都	明大前駅	京王電鉄
神奈川県	市大医学部駅	横浜シーサイドライン
新潟県	新潟大学前駅	JR 越後線
福井県	福大前西福井駅	えちぜん鉄道
山梨県	都留文科大学前駅	富士急大月線
静岡県	常葉大学前駅	天竜浜名湖鉄道
愛知県	名古屋大学駅	名古屋市営地下鉄名城線
京都府	京都精華大前駅	叡山電鉄鞍馬線
大阪府	大阪教育大前駅	近鉄大阪線
和歌山県	和歌山大学前駅	南海本線
鳥取県	鳥取大学前駅	JR 山陰本線
福岡県	九産大前駅	JR 鹿児島本線
熊本県	崇城大学前駅	JR 鹿児島本線
大分県	大分大学前駅	JR 豊肥本線

5

同じ名古屋本線なのに、「名鉄」と「名電」のつく駅がある

名古屋鉄道は、愛知県と岐阜県に路線網を持つ大手私鉄16社の1つで、路線の総延長444・2㎞は、近畿日本鉄道、東武鉄道に次いで私鉄第3位である。

主線である名古屋本線には、不可解な駅名がある。名鉄名古屋駅、名鉄一宮駅、名鉄岐阜駅というように「名鉄」を冠した駅がある一方で、名電長沢駅、名電赤坂駅、名電山中駅といった「名電」を冠した駅もある。名古屋鉄道株式会社が正式名称だから、どこにも「電」の文字はないが、名鉄も名電も名古屋鉄道を意味する。名鉄のつく3駅は特急も停車する主要駅だが、名電の3駅は普通列車しか停まらない小さな無人駅。そこに違いがあるのかと思いきや、じつはそうではない。

1921（大正10）年に設立された名古屋鉄道は、1930（昭和5）年に美濃電気軌道と合併し、愛知と岐阜の両県に路線網を持つようになったことから、社名を名《めい》

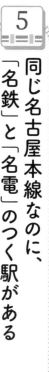

岐《ぎ》鉄道に改称した。1935年、名岐鉄道が名古屋以東に路線を持つ愛知電気鉄道と合併して、現在の名古屋鉄道が発足した。この前後にも合併吸収に関わった会社は40以上もあり、その中で、名岐鉄道と愛知電気鉄道は比較的対等の合併だった。そのため、愛知電気鉄道にとって、新社名が名岐鉄道の旧社名と同じ名古屋鉄道となったことを面白く思うはずはない。また、名岐鉄道にも愛知電気鉄道に対する忖度があった。

愛知県東部にある名電長沢、名電赤坂、名電山中の3駅は、元は愛知電気鉄道の駅で、名岐鉄道との合併以前は愛電長沢、愛電赤坂、愛電山中という駅名だった。合併後しばらくそのままの駅名だったのだが、いつまでもそれではおかしいということで、1938年に駅名が改称されることとなった。名古屋鉄道を略せば「名鉄」だが、それでは愛知電気鉄道が名岐鉄道に吸収合併されたという印象を与えかねない。そこで、名古屋鉄道の「名」と、愛知電気鉄道の「電」を取って「名電」にしたといわれる。

一方、名鉄名古屋、名鉄一宮、名鉄岐阜の3駅は、駅名としては極めて新しく、中部国際空港の開港に合わせて2005年に「名鉄」を冠するようになったのである。それまでは新名古屋駅、新一宮駅、新岐阜駅という名称だった。

6

発着本数が日本一多いホームはどこ？

名古屋鉄道本線の起点は豊橋駅、終点は名鉄岐阜駅。名古屋市の玄関口にある名鉄名古屋駅は、起点駅ではなく途中駅である。乗降客数は全275駅中第1位。1日の乗降客数は約28万人で、豊橋駅や名鉄岐阜駅の8倍以上である。名鉄名古屋駅には本線のほか、犬山線や常滑線、空港線など11路線の列車が発着しているのだ。

これだけ利用者が多いターミナル駅だから、名鉄名古屋駅はさぞ規模の大きな駅だと思うだろう。ところが、初めて名鉄名古屋駅を利用する人は、あまりにも小規模な駅に唖然とする。名鉄名古屋駅には、わずか3面2線しかないのだ。上下各1線と、真ん中のホームは降車と特急やミュースカイ（全車指定）など、特別車の乗降客用に使用している。つまり、名鉄名古屋駅には上下合わせた2本の線路しかないのだ。この2本の線路で、これだけの乗降客をさばいているのだから、朝夕のラッシュ時は想像を絶する慌ただしさである。

乗降客数の日本一多い駅は新宿駅だが、列車の発着本数が日本一多いのは東京駅で、1日に約4100本の列車が発着している。だが、東京駅には14面28線もあるので、1線平均の発着本数は146本ということになる。それに対して名鉄名古屋駅は、1線で450本もの列車が発着している。1線当たりの発着本数は東京駅の3倍以上、これは日本一だ。列車は1〜3分間隔で発着している。なにしろ11路線の列車が1つのホームに乗り入れているので、行き先がそれぞれ異なっている。それをさばくわけだから大変である。

これには、名鉄名古屋駅ならではの工夫がある。どの駅でも乗車位置は決まっているが、名鉄名古屋駅では乗車位置が、列車の系統ごとに少しずつずらして設けられている。乗客は行き先別に並ぶことになるので、ホームに長蛇の列ができることは滅多にない。また、真ん中のホームを降車専用にしているので、列車の入口が乗り降りする人でごった返すこともなく、人の流れはスムーズだ。ただ、これだけ複雑な駅なので、不慣れな人はまちがいなく迷うだろう。どこに並べばいいのか、右往左往している人の姿をよく見かける。その対策として、他の駅に比べ多くの駅員を配備している。

では、なぜ大都市の玄関駅にもかかわらず、このような小規模な駅を作ってしまったのだろうか。名古屋鉄道は名岐鉄道と愛知電気鉄道という2大潮流からなる鉄道であり、この2つの路線はつながっていない。そこで、名古屋市内で分断されていた東部線と西部線をつなぐため、地下に建設されたのが名鉄名古屋駅なのだ。すでに近鉄名古屋駅は建設されていたし、近い将来には市営地下鉄も建設される計画だったので、十分なスペースを確保することができなかった。そのため、現在のような狭い地下空間に駅を建設せざるを得なかったのである。東部線と西部線の直通運転が開始されたのは、1948年になってからのことである。

名鉄名古屋駅には、中部国際空港行きが頻繁に運行されている。近い将来、リニア中央新幹線が開業すると、名鉄名古屋駅の果たす役割はますます大きくなってくる。それなのに、3面2線のホームで機能するはずがない。そこで2021年現在、名鉄名古屋駅の拡張計画が持ち上がっている。まず、中部国際空港行き専用ホームを設けることが最大の課題である。

《《《1930年代半ばの名古屋近郊の私鉄》》》

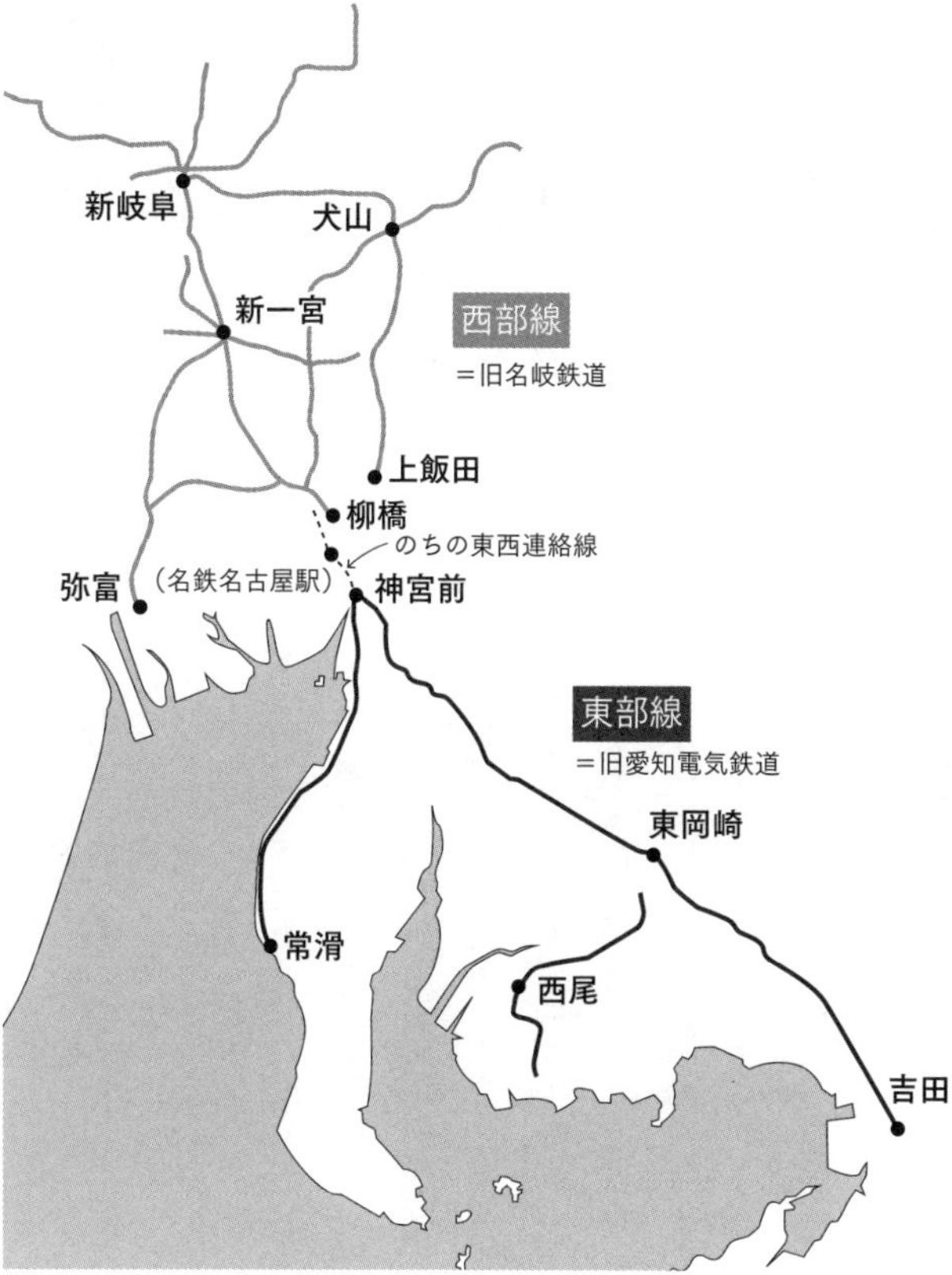

7 駅名が市名になったのは国立市だけ？

駅名が市名に影響を与えた代表例が中央本線の国立駅だろう。大正末期、多摩地区に東京商科大学（現一橋大学）をはじめとする学園都市構想が打ち出され、最寄りの中央本線に駅を設置することになった。設置場所は国分寺駅と立川駅の中間だったことから（西国分寺駅の開業は1973年）、両駅から一文字ずつとって国立駅と命名された。国立駅は谷保《やぼ》村の外れにあったが、やがて駅周辺が賑わっていく。1951（昭和26）年、谷保村が町に昇格する際に、新町名を谷保町ではなく、中心街となりつつあった国立駅の駅名を町名としたのだ。駅名が市名になった全国初のケースである。

駅名が直接、市名になったわけではないが、参考にしたであろうケースはいくつかある。1996年、北海道の広島町が市に昇格する際に、広島市との混同を避けるため、北海道の「北」を冠して北広島市とした。しかし、北広島駅が1926（大正

15）年に、北海道鉄道札幌線の駅として開設されていたのである。

磐越西線の会津若松駅（福島県）と会津若松市の関係もこれに似ている。会津若松市は1899（明治32）年4月に若松市として発足し、同年の7月に若松駅が開業した。若松市が7村を編入して会津若松市に改称したのは1955年だが、そのはるか前、1917（大正6）年に若松駅から会津若松駅に改称されている。

1982年、東北新幹線の開業に合わせて、在来線との接続駅である東那須野駅（1898年開業・栃木県黒磯市）が那須塩原駅に改称された。2005年には、黒磯市と西那須野町、塩原町の3市町が合併して那須塩原市が発足している。観光地の那須高原と塩原温泉郷の宣伝とも受け取れるが、合併時の新市名命名には何かとトラブルがつきもの。しかし、すでに市名にふさわしい駅ができていれば大助かりだ。

変わり種は、埼玉県ふじみ野市と東武東上線ふじみ野駅の関係だ。ふじみ野市が2005年の上福岡市・大井町合併で発足したのに対し、ふじみ野駅は1993年の開業。駅名から市名が採用されたともいえるが、ふじみ野駅のある場所はふじみ野市ではなく、隣の富士見市。ただし、ふじみ野駅周辺のみ、ふじみ野市に囲まれている。

8 なぜ福岡市の玄関口を博多駅というの？

中小の都市では、都市名と駅名が一致しないケースがしばしば見受けられるが、大都市の場合は、都市の名前の付いた駅がその都市の玄関口になっているケースがほとんどだ。東京の玄関口は東京駅だし、大阪市は大阪駅、名古屋市は名古屋駅、札幌市は札幌駅が玄関口である。では、福岡市ではどうだろう。

福岡市の玄関口は博多駅。そもそも福岡市に「福岡駅」は存在しない。西日本鉄道にあるのは「西鉄福岡（天神）駅」である。博多駅は山陽新幹線と九州新幹線のほか、在来線や地下鉄も乗り入れる福岡市の玄関口かつ九州最大の駅である。

福岡市は市制・町村制施行日の1889（明治22）年4月1日、那珂川を挟んで西側の福岡と、東側の博多というほぼ同規模の町が統合されて誕生した。福岡は江戸時代初期に黒田長政が福岡藩を立藩してできた城下町。それに対して、博多は古代から湊ができ、すでに平安時代には商業の町として栄えていた。博多人形、博多帯、博多織、博多獅子、博多美人、博多どんたく、博多祇園山笠など、福岡よりはるかに伝統と歴史がある。それなのに、廃藩置県では福岡県となり、市名も福岡市にされたのではたまらない。市名と合併の決着は、最終的には県令の裁量だったともいわれる。

市制施行と同じ1889年、九州で初めての鉄道駅ができることになり、設置場所が博多であったことから「博多駅」に決定、12月に開業した。この駅名は博多住民に対する懐柔策だったといわれる。

そういう市民感情を背景に翌年の2月、一議員から「市名変更の議」が出され、市民による改名運動にまで発展した。市名を福岡市のままにするか、博多市に改名するかで市議会が紛糾したのである。挙句の果てに、市議会での採決に持ち込まれることになった。結果は13票対13票の同数となり、議長が1票を投じたことにより、福岡市が勝利した。議長が武士の町福岡の出身だったというのが決め手になった。

もし福岡市が成立して、ある程度の年数が経った後に駅が開業されたとしたら、「福岡駅」になっていたのではないだろうか。

9 県庁所在地の玄関口なのに、JR特急が停車しない駅がある？

県庁所在地の多くは、その県における政治・経済・文化の中心である。したがって、那覇市を除くどの県庁所在地にもJR路線が走っているし、特急列車が停車する。しかし、JRの路線が市内の中心部を通っているにもかかわらず、特急列車が停車しない県庁所在地が、全国で1カ所だけあった。

県都とはいえない県庁所在地といえば、かつての埼玉県浦和市が思い浮かぶが、さいたま市となったので右の例からもれる。そのうえ、浦和駅はかつて、特急の停車しない県庁所在地として知られていたが、現在では、ほぼすべての特急が停車するようになり、汚名を返上した。

JR路線が走っているのに、特急列車が停車しない全国で唯一の県庁所在地の駅は、奈良市にある奈良駅である。奈良駅は3面5線を有する高架駅で、関西本線、奈良線、桜井線の3線が乗り入れるJRのみの駅である。乗降客も比較的多い。それなのに、なぜ特急が停車しないのか。

理由は簡単、奈良駅を通っているいずれのJR路線にも、特急列車が運行されていないからである。奈良県内には関西本線、奈良線、桜井線、和歌山線の4本のJR路線が走っているが、長距離路線は関西本線だけで、ほか3路線は特急列車を運行するほどの距離はない。そして、幹線の関西本線にも特急列車が運行されていないのである。奈良県ではJRより近鉄のほうが圧倒的に強いというのが最大の理由のようだ。

名古屋と大阪を結ぶ関西本線は奈良県で唯一の本線なのだが、並行して走っている近鉄大阪線に制圧されている感がある。その裏付けとして、関西本線には名古屋から大阪までの直通列車が1本も走っていない。一方、近鉄は大阪―名古屋間に特急列車を頻繁に走らせている。奈良県内を走っているそのほかの路線でも、JRと近鉄はしのぎを削る格好になっているが、JRは近鉄に太刀打ちできない状況が続いている。

かつて京都―奈良間に特急列車を走らせるという構想が持ち上がったこともある。だが、路線距離が短すぎるという理由から実現には至らなかった。

10 新幹線が走っているのに、駅がない県があるってホント？

日本に新幹線が登場したのは、前回の東京オリンピックが開催された1964（昭和39）年のこと。その8年後（1972年）に山陽新幹線、10年後（1982年）に東北新幹線（盛岡まで）と上越新幹線が開業した。以降、1992年と1997年の山形新幹線、秋田新幹線というミニ新幹線を挟んで、北陸新幹線（1997年）、盛岡以北の東北新幹線（2002年）、九州新幹線（2004年）、北海道新幹線（2016年）が開業した。ここまでの総延長は3283㎞だ。

47都道府県のうち、16県に新幹線が走っていない。関東地方では唯一、千葉県に通っていない。しかし、以前は東京から成田まで新幹線を通す計画があった。というより、1971年に計画が正式決定され、1974年からは工事も始まった。東京駅の京葉線乗換通路はその名残ともいわれる。しかし、メリットなしとする江戸川区や浦安町（当時）はじめ、各方面から反対意見が噴出し、凍結・断念に至った。

一方、新幹線は県内を走っているものの、都道府県庁所在地に乗り入れていない路線がある。それどころか、新幹線の線路だけが県内を通っていて、肝心の駅が設置されていないという可哀相な県まである。

山陽新幹線と山形新幹線および秋田新幹線は、路線内のすべての県庁所在地に新幹線が乗り入れ、駅も設置されている。だが、それ以外の新幹線は都道府県庁所在地をすべて通っているわけではない。まず、北海道新幹線は、将来は道庁所在地の札幌市まで路線を延ばす計画だが、まだ先の話なので新幹線が都道府県庁所在地に乗り入れていない路線の1つといえるだろう。上越新幹線は群馬県を通っているが、駅があるのは県庁所在地の前橋市ではなく、その隣の高崎市だ。高崎駅は北陸新幹線の起点駅にもなっているので、北陸新幹線も県庁所在地に乗り入れていない路線の1つになる。

東海道新幹線は東京、神奈川、静岡、愛知、岐阜、滋賀、京都、大阪の8都府県を通っているが、岐阜県だけは県庁所在地を通っていない。羽島市にある岐阜羽島駅が、岐阜県にある唯一の東海道新幹線の駅である。滋賀県も県庁所在地の大津市を通っているものの、駅が設置されていない。米原駅が滋賀県で唯一の新幹線駅である。九州新幹線の鹿児島ルートは、福岡県の県庁所在地（福岡市）にある博多駅から南に向かって延びていくが、福岡県の次に乗り入れる県は熊本県ではなく、福岡県からいったん佐賀県に入り、再び福岡県を通ってから熊本県に入る。佐賀県には鳥栖《とす》駅があるが、県庁所在地の佐賀市は通っていない。西九州新幹線（長崎ルート）の開業段階では佐賀駅は在来線特急区間（博多—武雄温泉）なので新幹線路線ではない。将来的に武雄温泉—長崎同様にフル規格という構想もあるが、実現は厳しそうだ。

日本で唯一、新幹線の線路は通っているのに、駅が設置されていない県は茨城県である。東北新幹線は起点の東京駅から、上野駅、大宮駅を過ぎ、その次は栃木県の小山駅だ。だが、地図をよく見ると、茨城県の西端をかすめるように、わずか14㎞だけ路線が通り抜けていることがわかる。茨城県には邪魔なレールだけが高架で通り抜けていて、肝心の駅がないのだから、地元の人は面白くないに違いない。茨城県古河市にも駅を設置してもらおうという動きがあったようだが、両隣の駅間が近いという理由で、実現には至っていない。

《《《 新幹線の通っていない県 》》》

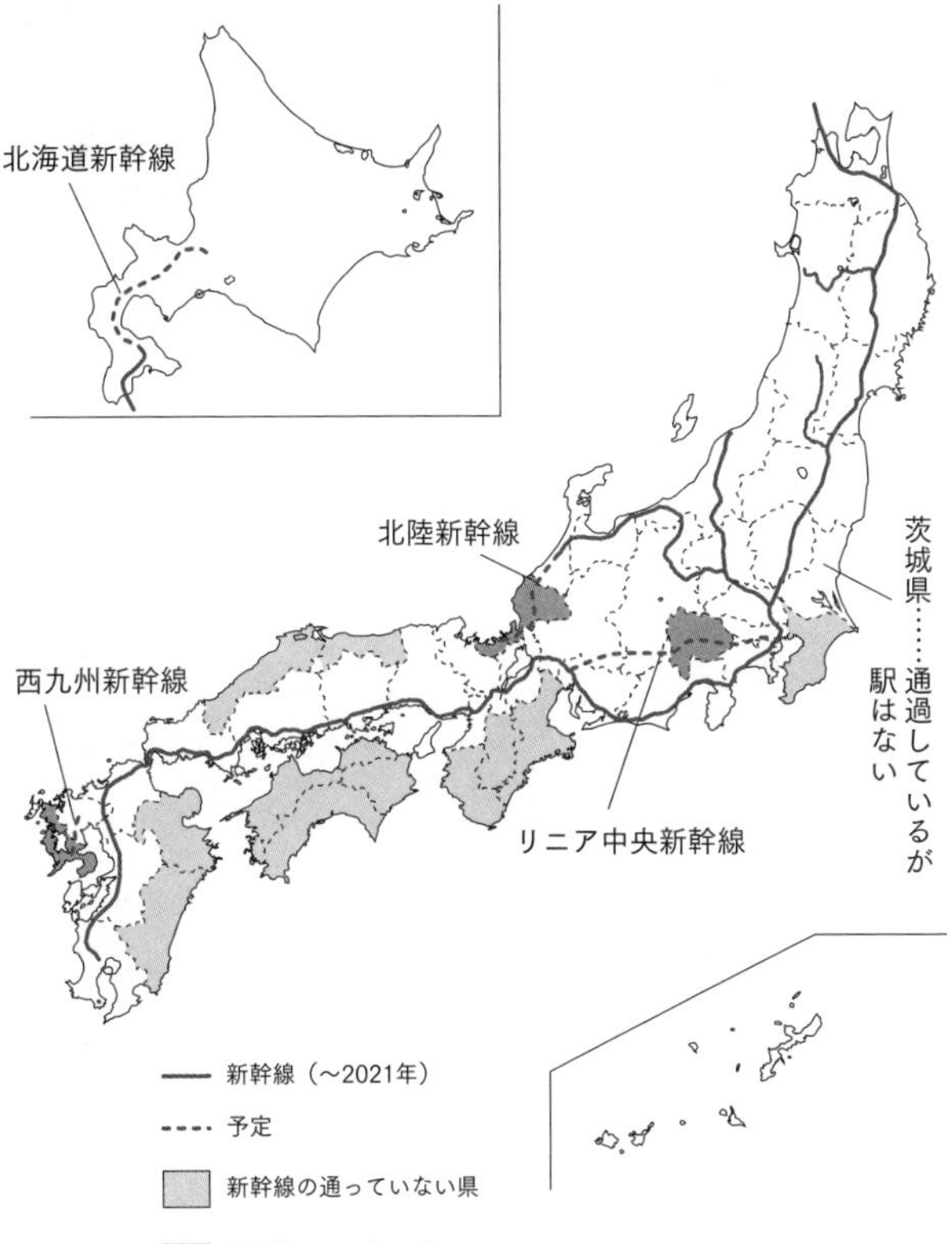

11 東京駅とそっくりな駅舎が、なぜか埼玉県にある⁉

2012年10月、東京駅の丸の内駅舎が創業時の重厚かつ華麗な姿に復原された。丸の内駅舎は東京駅開業と同じ、1914（大正3）年12月に開設された。日本を代表する建築家の辰野金吾によるルネッサンス様式3階建煉瓦造の建物だ。関東大震災では大きな被害はなかったものの、1945年の空襲によって屋根と内装が焼失した。1947年までに応急的な修復工事が行われたが、3階部分が撤去されて2階建となり、ドーム屋根が八角屋根に替わった。しばらく規模縮小のままで放置され、国鉄分割民営化を経て、ようやく本格的な復原工事が開始された。ドーム屋根や化粧目地が復原され、文献を基に干支のレリーフほか瀟洒な内装が再現された。2003年には、駅舎としては門司港駅に次ぐ国の重要文化財に指定されている。

その東京駅にそっくりの赤煉瓦造の駅舎が埼玉県にもある。JR高崎線の深谷駅だ。

「ミニ東京駅」とも呼ばれ、初めて深谷駅に降り立った人は、東京駅と見間違えるほどよく似た駅舎に驚く。

深谷市と東京駅は古くから深い関係があった。深谷市は深谷ネギが有名なだけではなく、煉瓦や瓦を特産に発展してきた町である。深谷に工場のある日本煉瓦製造の赤煉瓦は、赤坂離宮や東京大学、日本銀行にも使われているし、深谷駅界隈では今も赤煉瓦の建物や煙突などがそこかしこで見られる。

深谷駅は1883（明治16）年、日本鉄道の駅として開業した。1895年には、日本煉瓦製造の専用鉄道線が引き込まれている。深谷駅開業31年後に誕生した東京駅には、日本煉瓦製造で生産された赤煉瓦が使われた。その日本煉瓦製造の創業者は、深谷出身の渋沢栄一である。そんな縁にあやかって、1996年に深谷駅が改築される際、東京駅を模して建設されたのである。本物の煉瓦ではないが、レンガ風のタイルを貼って東京駅を模している。コンコースには東京駅と同じドーム天井も備えている。ライトアップされた深谷駅は特に人気が高く、写真に収めようと遠くから訪れる鉄道ファンも少なくない。東京駅と同じように、「関東の駅百選」にも選定されている。

12

「駅」と「停車場」はどう違うの？

全国には1万近くの鉄道駅があるが、「停車場」という言葉もある。最近はあまり使われなくなったが、かつては駅の意味で停車場と呼んでいた。上野駅のホームには「ふるさとの訛《なまり》なつかし停車場の人ごみの中にそを聞きにゆく」という石川啄木の歌碑がある。「夜明けの停車場」「雨の停車場」という歌もあり、これら抒情的なケースでは「ていしゃじょう」ではなく「ていしゃば」と呼ばれることが多い。

では、駅と停車場はまったく同じ意味だろうか。文字が違うだけで、駅と停車場は同義語だと思っている人が少なくないようだが、微妙な違いがある。

駅は停車場の一種だが、停車場は駅の一種ではない。というのは、駅は旅客の乗降や貨物の積み下ろしをするための施設をいうが、停車場には駅のほか、操車場や信号場も含んでいるのだ。現在では、もっぱら旅客の乗降に利用する施設を駅と呼んでおり、ある程度の規模がある駅には、駅舎とプラットホームのほか、待合室や跨線橋などが備えられている。鉄道の駅が、その地域の玄関口になっているケースが少なくない。貨物のみを取り扱っている駅は貨物駅といい、旅客駅と区別している。また、旅客と貨物の両方を取り扱う駅を一般駅と呼ぶが、現在は旅客と貨物の分離が進んでいるため、一般駅はほとんど見られなくなった。

信号場は列車の行き違いや、待ち合わせなどを行うための施設なので、分岐器（ポイント）や信号設備などを備えている。信号場から駅に昇格することもあれば、駅から信号場に格下げになることもある。東京の代表的なターミナルとして、全国屈指の乗降客数を誇る池袋駅は、１９０２（明治35）年に日本鉄道品川線（現山手線）の池袋信号場として開設されたものである。操車場は貨物列車を入れ替えたり、分解して編成し直したりするための場所だから、始発駅や終着駅の近くに設けられることが多い。このように、停車場は駅と信号場と操車場の総称なのである。

最近は「道の駅」があったり「海の駅」があったりするので、駅といっても一概に鉄道駅と決めつけることができなくなっている。

13 駅のホームにゼロ番線があるのはどうして？

駅で真っ先に思い浮かぶのはホームだろう。正式名はプラットホームで、プラットホームとホームは同じ意味である。英語で表すと「platform」。つまり、「ホーム」ではなく「フォーム」なのだ。なぜ乗り降りする場所が「ホーム」(home) なのか不思議に思っていた人がいるかもしれないが、駅でいうホームは和製英語なのである。platformの英語の意味は、演壇や教壇、土台にあたり、ITの世界ではソフトウェアを動かすための共通の土台として、WindowsやMac OSなどのOSのことをplatformという。ただし、こちらでは「プラットフォーム」と呼ぶ。

駅のホームには、いろいろな形態がある。線路に面した片側だけのホームを「単式ホーム」または「片面ホーム」といい、利用客の少ない単線のローカル線で多く見られる形態である。単式ホームの場合、線路側の反対は壁になっているか柵で仕切られている場合が多い。

単式ホームが、線路を挟んで向かい側にもある形態のものを「相対式ホーム」または「対面式ホーム」という。線路が複線の駅で見られるホームだ。ただ、単線にある駅でも待避線のある駅などでは、相対式ホームを採用する場合もある。

ホームの両側が線路に接している形態のものを「島式ホーム」という。発着本数の多い主要駅や、複数の路線が乗り入れているターミナル駅などでは、単式ホームと島式ホームを組み合わせているケースが多く見られる。

以上の3つがホームの主流だが、始発駅などには複数のホームが片側でつながっている形態がある。これは「頭端《とうたん》式ホーム」「櫛形ホーム」と呼ばれ、上野駅（13～17番線）や天王寺駅（1～9番線）に見られる。ほかにも、相対式ホームの双方がずれている「千鳥式ホーム」、単式ホームや島式ホームの一部を切り取って線路をつけている「切欠《きりかき》ホーム」などがある。

ホームには「○番線」とか「○番のりば」というように、番号が振られている。通常は駅長室に近いホームが1番線である。東京駅の場合、丸の内側の赤煉瓦駅舎に駅長室があるので、丸の内側から1番線、2番線と振られている。「○番ホーム」という言い方もあるが、ホームは乗降するための土台をいうので本来の意味からはややずれる。ただし、鉄道会社によって「○番線」「○番のりば」「○番ホーム」はおよそ統一されている（混在もある）。JRでは北海道、東日本、東海が「○番線」、西日本、四国、九州が「○番のりば」である。こんなところにも東西の違いがある。降車専用の場合、「○番のりば」では紛らわしいと思うのだが。

ところで、0番線から始まっている駅もある。全国で30駅以上、東京では日暮里駅に0番線がある。なぜ0番線があるのだろうか。

最大の原因は、ホームが増設されたことによる。新しい路線が駅に乗り入れてくるようになると、1番線ホームの手前にホームを増設することがある（例外もある）。増設したホームを1番線とし、以降、振り直していけばいいのだが、番号に慣れ親しんだ乗客に紛らわしいし、余計な費用がかかる。そのため、新しく設けられたホームを0番線とするケースが少なくないのだ。とはいえ、駅の改修工事などで、プラットホームの番号はしばしば変更されており、0番線は次第に姿を消しつつある。

《《《 プラットホームの種類 》》》

単式ホーム（片面ホーム）

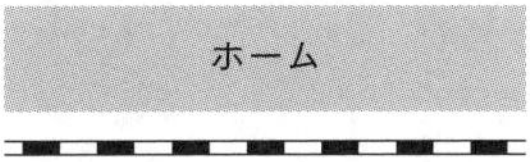

相対式ホーム（対面式ホーム）

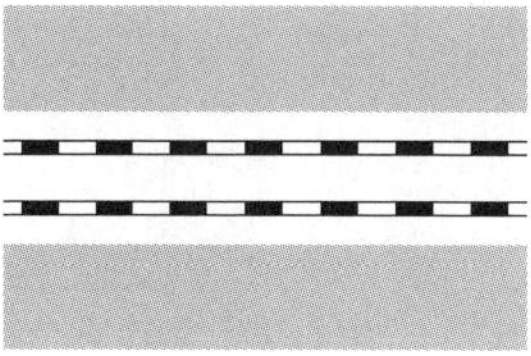

島式ホーム

頭端式ホーム（櫛形ホーム）

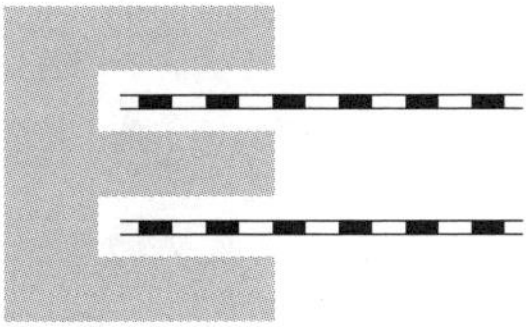

千鳥式ホーム

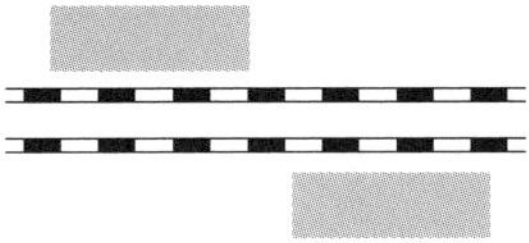

切欠ホーム

14

「上り」と「下り」のホームに70m以上の高低差がある、不思議な駅

大きなターミナル駅では、路線によってホームの高さが異なっていることもあるが、たいていの駅はほぼ同じ高さにホームが並んでいるものである。ところが、ローカル線の駅でしかも同じ路線の駅なのに、「上り」のホームと「下り」のホームがやけに離れていて、高低差がなんと70m以上もあるという不思議な駅がある。

鉄道ファンの間ではよく知られているJR上越線の土合《どあい》駅である。1931（昭和6）年、谷川岳の下を貫通する全長9702mの清水トンネルが完成した。清水トンネルが完成したことで上越線は全線が開通したのだが、清水トンネルの群馬県側の入り口付近に設けられたのが土合信号所、のちの土合駅である。当時は単線だったため、ホームは「上り」と「下り」で共用していた。しかし、交通需要の高まりとともに複線化の必要性に迫られ、1967年に湯檜曽《ゆびそ》―土樽《つちたる》間が複線化された。それまでの路

線が「上り」、新しい路線が「下り」専用になったのである。複線化に伴い、両駅の間に全長1万3490mの新清水トンネルが建設された。

トンネルの長さからもわかるように、新しく敷設された路線のほうがはるかに低い地点を通っている。土合駅にも「下り」のホームが設けられたが、新清水トンネルは清水トンネルよりはるかに低い地点を通っているため、「上り」と「下り」のホームには高低差が生じる。土合駅の「下り」のホームは、新清水トンネルの中に設けられた。そのため、地上に設置されている「上り」のホームと、新しく設けられた「下り」ホームとの高低差が70m以上もあるのだ。

戦前の土合駅はスキー客で賑わったが、1982年の上越新幹線開業を受けて、1985年に無人駅となった。今では1日の乗降客数は50人にも満たないので、エレベータやエスカレータが設置されることもない。東京方面に向かう列車に乗って土合駅で下車するときはいいが、東京方面から新潟方面に向かって土合駅で下車するときは、ホームから駅の改札を出るまでに486段の階段を上らなければならない。もっとも、土合駅から歩いて谷川連峰に挑む登山客にとっては、大したことはないだろう。

第5章

山手線を一周して、乗車した駅で下車したときの運賃は？

列車と運行システム　おもしろ雑学

1

なぜ日本の鉄道は左側通行なのか？

道路交通では、自動車は左側通行、歩行者は右側通行と決められている。これは大正時代の法律で決められたという説があるが、実際に現在のようになったのは戦後になってからだ。車と歩行者が対面通行であるほうが相互を認識でき、安全性が高いからである。しかし、それ以前では歩行者は左側を歩く場合が多かった。あくまでも通説なのだが、武士同士が道をすれ違う際、左の腰に差した刀の鞘がぶつかることを避け、左側を空けないで歩いたことがルーツとされる。

日本の鉄道も左側通行に統一されている。列車は専用の軌道を走るのだから左側通行にこだわる必要はないはずだが、その理由はイギリス由来だからである。1章で述べたように、日本の鉄道がアメリカではなく、イギリスの全面的な技術的な支援と指導を仰いで建設されたものであり、イギリスの鉄道が左側通行だったことから、日本の鉄道も必然的に左側通行になった。

では、なぜイギリスが左側通行なのか。これにも諸説あるが、馬車を運行する際、イギリスが頑なに左側通行を守っていたからである。馬に乗るときは馬の左側から乗るから右側を空けておく、とか、馬車の操縦に理由がある、などといわれるが、ともかく左側通行がイギリスで定着し、鉄道にも受け継がれたのである。

イギリスの影響を強く受けた国々の鉄道は左側を通行し、そうでない国は右側通行が多い。フランスは左側通行（道路は右側通行）、ドイツは右側通行、アメリカも右側通行である。世界的には、鉄道も車も、交通機関は右側通行が主流のようだ。

日本のように周囲を海に囲まれている国はいいが、ヨーロッパなど国が陸続きの地域は問題だ。国境を越えて、直通運転している列車も少なくない。右側通行のドイツと、左側通行のフランスもその一例だろう。ルールの異なる国と国の列車が走行すれば、正面衝突する危険もあるのではと思ってしまうが、その心配は無用である。列車が国境を越える際には、立体交差などを使って列車を右側の線路から左側の線路に入れ替えて運転するからである。

2

過密ダイヤでも列車が追突しないのはなぜ？

日本の鉄道は緻密に作成されたダイヤによって運行されており、その正確さに外国人は舌を巻く。列車の本数が少ないローカル線なら、後続の列車が先行列車に追突する恐れはほとんどないが、2、3分間隔で列車が発着する大都市圏の路線では、追突事故が起きるのではないかと心配する人もいるだろう。だが、秒刻みで運行している列車が、追突事故を起こしたというニュースを耳にすることはまずない。

前の列車が見えるくらいの近距離で、しかも高速で走行しているにもかかわらず、運転士は平然とした顔で列車を運転している。ブレーキを少しでも踏み遅れたら、それこそすぐにでも追突してしまいそうなのだが、どのようにして安全を確保しているのだろうか。それはATCが導入されているからである。ATCはオートマチック・トレイン・コントロールの略で、日本語では「自動列車制御装置」という。運転士の視認と操作だけに頼ることなく、列車の速度をコントロールしたり、減速・停止したりすることを自動的に行う装置のことだ。ATCは1960年代初めから導入されるようになった。1961年開業の営団地下鉄日比谷線で導入されたのが最初とされ、1964年開業の東海道新幹線で一気に脚光を浴びるようになった。

ATCの地上装置は、先行列車との距離、カーブや勾配、停車駅などの状況を考慮して適正な速度を算出し、それを列車に搭載した車上装置に送信する。これによって、常に適正な速度で列車を運行しているのだ。

もし運転士がブレーキをかけ忘れて、地上装置から指示された速度を超えると、自動的にブレーキがかかって減速する。危険を察知して、強制的に停止させることもある。ラッシュ時では、列車が駅間で一旦停止することはよくある。後続の列車が線路上で待機している光景を見かけることもある。これはATCの成せる業だといえる。

もしATCが開発される前に、現在のような過密ダイヤで列車が運行されていたら、列車の脱線や追突事故が後を絶たなかったに違いない。ATCは日々進化しているので、現在よりさらに過密なダイヤでも運行が可能になるだろう。

3 事故や災害で乱れたダイヤはどうやって戻している？

列車は定刻通りに発着するのが望ましいが、ときとしてダイヤが大きく乱れてしまうことがある。ダイヤが乱れる原因はいろいろある。大雨や強風など、事前に予想できる場合はダイヤを調整する時間もあるが、列車や信号機の故障発生、人身事故の発生や路線への人立ち入りなどでは、ダイヤを急遽、調整せざるを得ない。

トラブルが発生したとき、どのようにして遅れた列車を正常なダイヤに戻しているのだろう。列車の遅延を引きずったまま運行を続けていけば、発着本数の多い大都市を走る路線では、たちまち後続の列車に影響を及ぼし、ダイヤが大混乱に陥る可能性がある。乗客への影響を最小限に抑え、一刻も早く正常のダイヤに戻すことが鉄道会社に課せられた使命である。そこで、ダイヤの乱れを敏速に通常の運行に回復させるための、「運転整理」と呼ばれる作業が必要になってくる。

列車の運行状況を監視している管理センターの司令員は、列車の種別や運転順序、行先などの情報をコンピュータに入力し、運転順序の変更を行うなど、少しでも早く正常運転に戻す措置をとる必要がある。そのためにも、司令員は各駅の構内の状況や他の列車との接続など、列車の運行に関するさまざまな知識に精通していなければならない。たとえば、踏切事故で列車に1時間の遅れが生じたら、その時間内に運行予定の列車をすべて取り止めれば、列車の遅延はすぐに解消でき、正常運行に戻せるように思えるが、その路線の輸送力を維持する必要がある。運転整理は、考えているほど生易しい作業ではないのである。

1時間近くの遅れが出た場合の1つの手段として、列車を終点まで運転するのではなく、2~3つ手前の駅で折り返すという方法がある。もちろん、折り返し設備がある駅を利用しなければならない。手前で降ろされた人は、後続の列車に乗り換えてもらうことになるが、こうすることによって列車の遅れを最小限に食い止めることができるばかりではなく、より早く正常運転へ戻すことが可能になる。ダイヤの乱れによる影響は、できる限り狭い範囲に抑え込むことも必要である。

4 先行列車が後続列車の影響を受けるワケ

バス停にも時刻表はあるが、道路事情によって遅れることはしょっちゅうである。それに対して、鉄道は専用スペースを走っているので定時運行ができるという強みがある。だが、いつも定時運行ができるわけではない。新幹線や山手線、あるいは地下鉄などのように、全線が高架あるいは地下を走る路線であれば、事故が発生する可能性は低いが、ほとんどの鉄道路線には踏切が存在する。そのため、踏切で事故を起こして、列車に遅れが生じることがしばしばある。

たとえば、先行するA列車と、後続のB列車との間にある踏切内で車が止まってしまい、B列車が20分ほど遅れてしまったとする。だが、A列車にとってはこの踏切を通過した後の出来事であり、運行に支障はないはずだ。ところが、「後続の列車が踏切事故で遅れているため、しばらく停車します」という車内アナウンスが、A列車に流れることがある。後続列車の遅れが、どうして自分たちの乗っている列車に影響するのだろうかと疑問に思う、というより多少憤る人も少なくないだろう。なぜ、先行列車が後続列車の影響を受けなければならないのか。

後続列車を待たないでA列車がどんどん先を走っていくと、A列車とB列車との間に長い空白時間が生じ、後続のB列車に乗客が集中することになる。そうするとB列車は混雑を来し、動きが取れなくなる。乗り降りするのにも余計に時間を要してしまうので、遅延はさらに拡大する。そのため、先行するA列車が後続のB列車を待つのである。こうすることによって、乗客を分散させることができ、B列車に乗客が集中することを防ぐことができる。それが遅延の拡大を防ぐことにもなる。これを「運転間隔の調整」と呼び、列車の遅れが路線全体に広がっていくことを食い止めるのだ。

運転間隔の調整をスムーズに行うためには、どの列車が現在どこに停車しているのか、間隔はどれだけ空いているのかなどを把握し、それを運転士に通知しなければならない。すべての列車が各駅停車であれば運転間隔の調整もやりやすいが、急行や特急も走っている路線では、大変な作業である。

5

列車は急ブレーキをかけてから何メートルで停止できるのか？

レールの上を鉄の車輪で走る列車は、道路の上をゴムタイヤで走る自動車に比べて、制動距離が非常に長い。制動距離とは、ブレーキが作動してから列車が停止するまでの距離をいう。列車の車体は、自動車とは比較にならないほど重いから、一度走り出すとなかなか止まれないのだ。

列車の条件によって制動距離も異なってくる。車両編成が短い列車より、長い列車のほうが制動距離は長くなるし、乗客がまばらな列車より満員列車のほうが停止するまでに長い距離を必要とする。また、降雪や降雨の時は車輪の摩擦抵抗が弱まるため、必然的に制動距離は長くなる。運転士はこれらの状況に注意を払い、慎重にブレーキ操作を行わなければならないのである。では、ブレーキをかけてから停止するまで、列車は何メートルくらい走ってしまうのだろうか。

1900（明治33）年に定められた鉄道運転規則には、「第五十四条　非常制動による列車の制動距離は、六百メートル以下としなければならない。」と規定され、これを「600m条項」と呼ぶ。鉄道運転規則に代わって、2002年に「鉄道に関する技術上の基準を定める省令」（正式名称はもっと長い）が定められ、その中にも「新幹線以外の鉄道における非常制動による列車の制動距離は、600m以下を標準とすること。ただし、防護無線等迅速な列車防護の方法による場合は、その方法に応じた非常制動距離とすることができる。」と定められた。

言い換えれば、在来線の列車は、600mの制動距離が必要であり、非常制動（非常ブレーキ）をかけて600mで止まれるブレーキ性能が必要とされる。そこから換算して、600m条項が適用されるほとんどの路線では、最高速度を最も速い列車や路線区間でも時速130㎞に定めている。たとえば、東海道本線の最高速度では、東京―戸塚間などが時速110㎞、戸塚―小田原間、豊橋―米原間などが時速120㎞、米原―神戸間が時速130㎞である。

前述の「防護無線等迅速な列車防護の方法」とは、緊急時に列車から無線信号を発信して、近くを走行する列車に停止信号を送って二次事故を防止することをいう。つまり、防護無線を備え、踏切のない立体交差の路線であることを条件に、制動距離が600mを超えていても認可されることもある。京成電鉄の成田スカイアクセス線を走行するスカイライナーは、制動距離が1100mという認可を得て、時速160kmの高速運転を行っている。

では、新幹線の制動距離はどれくらいだろう。新幹線は全線が高架路線で、高速運転を行っている。最高時速275kmで走行する列車の制動距離（非常停止距離）は約4000mと、時速130kmで走行する列車の約6・7倍の距離を必要とする。もしブレーキの性能がそのままで、時速360kmまでスピードアップすると、制動距離は7000mが必要となる。

新幹線の最高速度は東北新幹線が時速320km、山陽新幹線が時速300km、東海道新幹線が時速285km、北陸新幹線、九州新幹線、北海道新幹線が時速260km、上越新幹線が240kmだ。大地震が発生した場合でも、一刻も早く緊急停止ができるように、また新幹線の高速化に向け、いま盛んにブレーキの研究が続けられている。

《《《 列車がブレーキをかけて止まるまでの距離 》》》

（例）

時速120km

非常ブレーキをかける　　非常ブレーキが効き始める　　停止

空走（距離）
66m　…①

制動距離
444m　…②

停止距離（制動距離）
510m

①…時速120kmで１秒間に進む距離 → 33m × 空走２秒として

②…減速度4.5km/h/s として

$$制動距離(m) = \frac{V^2}{7.2B} = \frac{(120km/h)^2}{7.2 \times 4.5} より$$

V＝制動初速（時速）
B＝減速度（km/h/s）

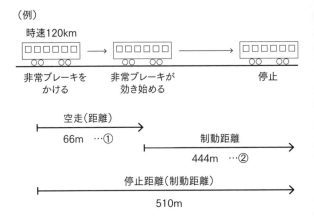

6 新幹線は何時間遅れたら、払い戻しが受けられる？

新幹線は全国新幹線鉄道整備法で、「その主たる区間を列車が200キロメートル毎時以上の高速度で走行できる幹線鉄道」と定義されている。より速いスピードで走行するのが、新幹線の使命といってもよいだろう。

より早く目的地まで運んでくれるから、乗客も乗車券のほかに特急料金も購入して新幹線に乗るのである。だが、新幹線もしばしば遅延する。大幅に遅れたため、新幹線に乗るより在来線に乗ったほうが早く目的地に到着できた、なんてことも起こりうる。より早く目的地に到達するという目的が達せられなかったなら、乗客にしてみれば遅延によって受けた損害を弁償してほしいと訴えたいところだ。列車の到着が遅れたために商談が不成立に終わってしまった、重要な会議に出席できなかった、友人の結婚式に間に合わなかった、飛行機に乗り遅れ、その日はホテルに泊まらざるを得なくなった、など被害は思いのほか大きいからだ。

だが、ＪＲの旅客営業規則では、特急・急行列車が到着予定時刻より2時間以上遅れた場合は、特急・急行料金の全額を払い戻すという規定がある。新幹線はすべて特急列車なので、特急料金が払い戻しの対象になる。なお、乗車券は対象外で、どれだけ遅れても目的地までの運賃は支払わなければならない。

特急料金の払い戻しは駅の精算窓口で受けるのだが、窓口が混雑してイライラすることもある。ただでさえ到着が遅れて急いでいるのに、払い戻しでも待たされてはたまったものではないと、怒りを覚える人もいるだろう。そこで、払い戻しは後日でもよいことになっている。乗車した日から1年以内であれば、みどりの窓口で返金手続きができる。

ここで問題なのは、指定席特急券であれば遅延した列車であることの証明ができるが、自由席特急券の場合は、遅延した列車に乗ったという証拠がない。そのため、改札口で乗車した列車名を告げて遅延証明書をもらっておく必要がある。それを怠ると、後日、みどりの窓口へ出向いても、払い戻してもらえないので注意が必要だ。

7 乗車券を紛失したらどうなるの?

今やほとんどの鉄道会社でＳｕｉｃａなどのＩＣカード乗車券が利用できるので、普段から鉄道を使う人にとって、切符（乗車券）を買うという行為が極端に減った。

以前は、券売機に並んで買った切符を、ズボンのポケットなどに無造作に入れただけ、という人が多かった。ポケットから何かを出した拍子に切符がこぼれ落ちてしまい、降車駅の改札前で慌てて切符を紛失したことに気づく、などということもあった。あるいは、カバンや荷物のどこかにしまい込んで見つからないということもある。そんなときはどうするか。改札口で「乗車券を無くしてしまいました」と駅員に申し出れば、許してもらえると思ったら大間違い。それほど日本の鉄道は甘くはない。

駅の係員に乗車券を紛失した旨を告げて、同じ乗車券を買い直さなければならない。その乗車券には「紛失再発行」したものであることが記されるので、下車するとき、駅で「再収受証明」を受けることを忘れてはならない。再収受証明は運賃を2度支払ったという証明書であり、もし紛失した乗車券が1年以内に見つかったら、再収受証明を提示して全額払い戻してもらえる。ただし、手数料は差し引かれる。

そこで問題になるのが、不正乗車した場合だ。A氏が初乗り運賃の乗車券を買っただけで、東京駅から在来線を乗り継いで大阪駅まで乗車したとする。大阪駅で下車するとき、「一つ手前の新大阪駅で乗車したが、乗車券を紛失してしまった」とA氏は嘘の申告をし、新大阪―大阪間の乗車券を買い直して改札を出た……。A氏は明らかに不正をしたのだから、嘘が発覚した場合は詐欺罪が成立する。A氏は東京―大阪間の運賃に加えてその2倍の料金、都合3倍の料金を支払わなければならない。

たとえ、区間の正規の運賃を支払って乗車したとしても、乗車券を紛失した旨を駅の係員に申し出たとき、挙動不審を疑われたり、駅員に対する態度が悪かったりすると、不正乗車をしたとみなされ、正規の3倍の料金を請求されることもあり得る。というのも、鉄道営業法の罰則規定に、疑わしい場合は正規の運賃の3倍の料金を請求できることが認められているからである。乗車券は絶対に紛失してはならない。

8 列車の定員はどのようにして決めるのか？

乗り物や施設など、どんなものにも定員が決められている。飛行機や船舶、高速バス、自家用車などは、座席の数がそのまま定員になる。これを「保安定員」といい、保安定員を超えて乗せれば罰則が科せられる。

では、鉄道はどうだろう。結論から言えば、鉄道は定員オーバーで走らせても法律違反にはならない。というのも、列車は定員を超えて乗せたとしても運行に支障を来すことはないし、危険性も低いからである。極論すれば、乗客が身動きできないほどのすし詰め状態で列車を運行しても、罰則が科せられることはない。

ところで、列車の定員とは何を指すのか。車内の表示板にときどき140～150人といった定員が示されているが、座席の数はそんなにない。つまり、立っている人も合わせた定員なのである。これを立席といい、座席と立席を合わせた数が定員である。そしてこの定員のことを「サービス定員」という。

サービス定員はどのようにカウントされるかというと、かつては普通鉄道構造規則で、座席は幅400㎜以上で奥行400㎜以上、立席は1人当たり0・14㎡、座席定員は座席と立ち席の合計の3分の1以上で、などと定められていた。しかし、普通鉄道構造規則は廃止され、2002年からは他の法規と統合した「鉄道に関する技術上の基準を定める省令」が施行され、ここには定員の定義はない。一方、JIS規格に定員の計算方式があり、「定員質量は定員の乗客が乗車したときの乗客だけの質量で、乗客1人当たりの質量は55kgとする」とある。

列車の混み具合は混雑率で表され、サービス定員が「混雑率100%」に該当する。席が埋まっていて、立っている人は吊革につかまるなどの体勢、1車両に140人程度いる状態を混雑率100%という。新聞を広げて読めるくらいであれば150%、新聞を折りたたんで読める状態が180%、圧迫感があるほど接触しているが週刊誌程度は読める場合が200%、列車が揺れても身体が斜めになったままで身動きができない状態が250%だ。かつての300%というのは信じられない混雑なのだ。

9 山手線を一周して、乗車した駅で下車したときの運賃は？

暇つぶしだったり寝てしまったりして、山手線を一周した経験のある人もいるだろう。その場合の運賃はどうなるのか。初乗り運賃の乗車券で山手線を一周し、隣の駅でそのまま下車したことを自慢にしていた人がいたが、これは不正乗車である。見つかれば処罰の対象になる。

山手線は一周34・5㎞。ＪＲの普通旅客運賃は31～35㎞区間が５８０円なので、山手線を一周する運賃も５８０円かというとそうではない。山手線は大都市近郊区間内の運賃が適用されるので、実際に乗車した経路に関係なく、乗車駅と降車駅の最短距離で運賃が計算される。たとえば、東京駅で乗車して外回りで品川―渋谷―池袋―上野を経由し、東京駅手前の神田駅で下車した場合、乗車距離は33・２㎞だが、東京駅から神田駅までの運賃が適用される。したがって、神田駅から東京駅までの運賃を加えれば、山手線を一周できるのだ。東京―神田間の運賃は140円なので、その2倍の280円で山手線を一周できる。

初めから山手線を一周するつもりで、乗車した駅と同じ駅で下車するのであれば、初乗り運賃の往復切符を買っておけばよい。ただし、大都市近郊区間内の運賃には、同じ駅を2度通ってはいけないというルールがあるので、東京駅から乗車して外回りで山手線を一周し、東京駅の次の有楽町駅で下車した場合は、山手線一周の運賃280円に、東京―有楽町間の運賃140円をプラスした420円が必要になる。

では、山手線を3周した場合の運賃はどうなるのか。280円×3＝840円が山手線3周分の運賃になる。だが、それより安く山手線を3周する方法がある。「都区内パス」を利用すればよい。都区内パスは、23区内の鉄道路線であれば、普通列車の自由席が1日中乗り放題で760円である。どの駅で乗り降りしようが、同じ駅を2度通ろうが構わない。その都度乗車券を買い求めて、山手線のすべての駅で乗り降りすると、初乗り運賃（140円）×30（山手線の駅数）＝4200円。都区内パスの約5・5倍に相当する運賃が必要になり、3440円も割高になる。

10 なぜ日本初の路面電車は、東京や大阪ではなく京都で誕生したの？

日本の大都市には地下鉄が走っており、移動手段として非常に便利である。しかし、地下鉄が普及する前までは、路面電車が都市内交通の主役として活躍していた。

蒸気機関車も地下鉄も、日本で初めて走ったのは東京だが、路面電車が日本で初めて走った都市は東京ではなく京都である。1895（明治28）年2月、京都電気鉄道が七条《しちじょう》停車場―下油掛間の約6㎞を開業したのが最初だ。これは日本初の電車でもある。ただし、路面電車だから軌道であり、鉄道で最初の電車運行は1904年の甲武鉄道（現中央本線）といわれる。

京都が路面電車を全国で最初に走らせたのには理由があった。1880年代前半、京都府知事の北垣国道《くにみち》は、都が東京に遷《うつ》ったことによって京都の人口が減少し、産業が衰退していくことに大きな憂いを感じていた。そこで、町を活性化させるために考えた策が琵琶湖疏水である。京都は水には恵まれているが、長区間の水運には恵まれていない。それを克服するため、琵琶湖と京都との間に運河を建設し、京都から日本海に通じる物流ルートを計画したのである。滋賀・京都間の山を貫き、南禅寺付近の蹴《け》上《あげ》には、水のケーブルカーに当たるインクラインを、1890年に完成させた。

疏水の落差を利用して、日本で初めての水力発電所である蹴上発電所も建設された。これによって、京都市の全域に電力を供給するとともに、その豊富な電力を活用して、路面電車を走らせることができたのである。その3年後には、名古屋で路面電車が登場した。

京都が路面電車の運行に早かったことと同時に、東京や大阪が遅かったという理由もある。東京と大阪での初めての路面電車は1903年。それ以前は馬車鉄道が全盛だったのである。路面電車の導入は馬車鉄道の業界にとっては死活問題だ。そのため、馬車鉄道の業界は東京が路面電車を導入することに猛反対し、それが影響して導入が遅れたといわれる。一説には、東京では路面電車の営業を申し込む会社が乱立したため、どの会社に許可を与えるのかに手間取ったからともいわれる。

11

相互乗り入れしている路線では、運転士は交代するの？

近年、相互乗り入れ（直通運転）を行っている路線が増加しつつある。会社の違う列車が同じ路線を走っている光景は、珍しいものではなくなってきた。相互乗り入れが行われるようになった当初は、「どうして東京の地下鉄が埼玉県を走っているのだ」と驚く人が少なくなかったようだ。

直通運転の最初は１９０４（明治37）年、東武亀戸線から総武鉄道線（現総武本線）の乗り入れが最初といわれるが、本格的に行われるようになったのは１９６０年代に入ってからのことである。１９６０年に都営地下鉄1号線（現都営浅草線）と京成電鉄押上線との間で相互乗り入れが始まり、以後、主に地下鉄と私鉄の間で相互乗り入れが盛んに行われるようになった。

相互乗り入れは乗り換えの必要がなくなるため、ターミナル駅の混雑が緩和される。

所要時間が短縮され、旅客の利便性が向上する。通勤圏が拡大し、鉄道会社の収益がアップするなど、メリットは多い。だが、運転系統が複雑になって利用客にわかりにくく、遠方の路線のダイヤの乱れが影響するなど、問題点がないわけではない。

では、運転士など乗務員も他社路線に乗り入れるのかというと、答えはノーである。他社路線との境界駅で、運転士は車掌とともに他社路線の乗務員と交替する。その理由は、他社路線とは駅間距離やカーブ、路線の特徴、信号など運行システムが異なる。そのため、運行の安全上から、自社路線の運転手は他社路線を運転しないのが原則となっている。

他社路線の運転業務を委託されている場合は、例外的に同じ運転士が引き続き運転することもある。たとえば、名鉄小牧線と相互乗り入れしている名古屋市営地下鉄上飯田線は、開業当初はそれぞれの運転士が担当していたが、現在は名古屋市交通局が名鉄に委託し、全線を名鉄の運転士が運転している。というのも、地下鉄の上飯田線は路線距離がわずか８００ｍという日本一短い路線だからである。将来、上飯田線が延伸されたときには、乗換駅の上飯田駅で運転士は交替するものと思われる。

12 ＪＲ西日本の運転士が、なぜＪＲ東日本の路線を運転しているの？

複数の鉄道会社が相互乗り入れしている路線では、他社の路線へ乗り入れる駅で乗務員（運転士および車掌）は交替している。では、ＪＲ東日本とＪＲ西日本の管轄区域をまたがって運行している列車の場合はどうだろう。

同じグループとはいえ、ＪＲ東日本とＪＲ西日本とは別の会社である。したがって、両社の境目になっている駅で乗務員は交替する。たとえば、東京駅と博多駅を結んでいる東海道・山陽新幹線の「のぞみ」と「ひかり」は、東京駅から新大阪駅までの東海道新幹線はＪＲ東海の管轄だから、ＪＲ東海の乗務員が運転する。新大阪駅から博多駅までの山陽新幹線はＪＲ西日本の管轄だから、両社の境界である新大阪駅でＪＲ東海とＪＲ西日本の乗務員が交替する。また、新大阪駅から九州新幹線の鹿児島中央駅までを直通運転している「みずほ」「さくら」は、博多駅から鹿児島中央駅までが

ＪＲ九州の管轄なので、両社境界の博多駅で、ＪＲ西日本とＪＲ九州の乗務員が交替しているのである。

例外もある。北陸新幹線は東京―金沢間が開業しており、新大阪駅延伸は２０４５年ともいわれる。北陸新幹線という1本の路線なのに、管轄の異なる路線にまたがっている。東京―上越妙高間がＪＲ東日本、上越妙高―金沢間がＪＲ西日本の路線で、上越妙高駅が両社の境界駅だ。したがって、東京方面から走ってきた列車の乗務員は、上越妙高駅で乗務員は交替しなければならないのだが、実際には交替していない。では、乗務員が交替しないまま金沢駅まで運転してしまうのかというと、そうではない。上越妙高駅から2駅東京寄りの長野駅で、乗務員が交替しているのである。

なぜかというと、東海道新幹線の「ひかり」にあたる「はくたか」は上越妙高駅で停車するが、「のぞみ」に当たる「かがやき」は、上越妙高駅を通過してしまうからである。そのため、すべての列車が停車する長野駅で乗務員を交替させているのだ。すなわち、長野駅から上越妙高駅までの59・5㎞は、ＪＲ東日本が管轄している路線なのに、ＪＲ西日本の乗務員が運転しているのである。

13 東海道新幹線に品川駅が必要だった理由

2003年10月、東海道新幹線に品川駅が誕生した。東京駅とはわずか6・8㎞しか離れていない。それなのに、なぜ品川に新しい新幹線の駅が設置されたのだろうか。駅間距離が長いため、乗客の利便を図る目的で新駅を設置するというのならわかるが、東京―品川間はあまりにも近すぎる。駅が増えればそれだけ所要時間が長くなる。新幹線はスピードを売り物にしているだけに、短い間隔で2つの駅が必要なのか、疑問を抱かれたとしても不思議ではない。

品川駅はリニア中央新幹線の発着駅に予定されている。しかし、東海道新幹線の品川駅開設が決まった段階では、リニア中央新幹線はまだ具体化されていなかったはずだ。かといって、羽田空港や渋谷方面への、アクセスを向上させるために開設されたわけでもなかった。

品川に新駅を設置する最大の目的は、輸送力の増強にあった。1990年代に入ると、東海道新幹線は利用客の増加でパンク寸前に陥っていた。輸送力を増強するには、列車の発着本数を増やすしかない。だが、3面6線の東京駅の新幹線ホームではこれが限度だった。しかも、東京駅の3面のホームは、営業列車がすべてを使用できるわけではなかった。点検や清掃などのため、東京駅から大井の車両基地へ回送される列車も同じホームを使い、同じレールを走っていくからだ。回送列車が増えればそれだけ、東京駅から発着できる列車本数も減ることになる。

そこで浮上したのが、まとまった用地が確保できる品川に新駅を増設する案だった。新幹線の品川駅が設置されることで、東京駅の発着本数を増加させることができる。それに、もしダイヤが乱れた場合、品川駅のホームも活用できるので、品川駅で折り返せばダイヤが復旧する時間も短縮される。さらに、飽和状態にあった東京駅の混雑緩和にも、大きな役割を果たせるというわけである。

東京駅を出たときには空いていたのに、品川駅でドドッと客が乗ってきた、という経験を持つ人もいるだろう。東海道新幹線の品川駅開業は大正解だったのである。

14 常磐線や上越線は、なぜ本線になれなかったの？

ＪＲの鉄道路線には本線と支線がある。本線はその地域を走る鉄道の基幹となる路線で、支線は本線から枝分かれした路線である。したがって、本線は路線距離が長く、支線は短いのが普通である。東海道本線、東北本線、山陽本線などというように、その地域の基幹となる路線名には「本」がつき、いくつもの支線を有している。ところが、路線距離は短くて支線もないのに、堂々と「本線」を名乗っている路線がある。その一方で、本線と呼ぶにふさわしい路線距離があり支線もあるのに、本線を名乗っていない路線もある。

最も短い「本線」は北海道を走っている日高本線で、路線距離はわずか30・５㎞。元々、日高本線は１４６・５㎞（苫小牧—様似《さまに》）の路線だったが、２０２１年４月、鵡川《むかわ》—様似間（１１６㎞）が廃止されて現在のように短い路線になった。だが、留萌《るもい》本線は留萌—増毛《ましけ》間が廃止されて50・1㎞の路線になったものの、それ以前でも66・8㎞の短小な路線だった。

ところが、長い路線距離があるのに本線になれなかった路線がある。常磐線と上越線である。常磐線は東京の日暮里駅と宮城県の岩沼駅を結ぶ、全長343・7㎞の長い路線で、特急列車も頻繁に走っている。それに、常磐線から成田線や水郡線、水戸線などが枝分かれして延びている。どう見ても本線になってもおかしくないのに、「常磐本線」にはならなかった。群馬県の高崎駅と新潟県長岡市の宮内駅を結ぶ上越線も、路線距離は162・6㎞あるが本線ではない。

常磐線や上越線より路線距離が短い本線は、日高本線と留萌本線のほか、総武本線（120・5㎞）、筑豊本線（66・1㎞）、長崎本線（125・3㎞）、久大本線（141・5㎞）、豊肥本線（148・0㎞）がある。四国を走っている高徳線（74・5㎞）と徳島線（67・5㎞）も、国鉄の分割民営化前までは高徳本線、徳島本線が正式名だったので、これも加えると常磐線と上越線より路線距離が短い本線が合計9路線あることになる。

なぜ、常磐線と上越線は本線になれなかったのか不思議だが、1906（明治39）年に「鉄道国有法」が公布され、主要な私鉄17社が国有化された。そして1909年に「国有鉄道線路名称」が制定され、全国の23部72路線に分類された。この際に日本鉄道が開業した現在の東北本線をはじめ、成田線や水戸線、水郡線、高崎線、常磐線、上越線などがひとまとめにされた。幹線の東北本線が本線となり、そのほかの路線は東北本線の従属路線の扱いになったのである。そのため、常磐線も上越線も十分な路線距離を有しながら、「本線」の称号が与えられなかったのだ。

高崎線（大宮―高崎間）も重要路線である。東京と大阪をつなぐ目的で、日本鉄道が上野―高崎間を開通させたのが1884（明治17）年5月。その時点で、東北本線との分岐駅となった大宮駅は開業していなかったし、横浜以西の東海道本線、山陽本線も開通していなかった。いわば、日本最初の長距離路線である。中山道に沿っているから沿線住民も多く、1970年前後には沿線住民の間で「国鉄で儲かっているのは新幹線と山手線と高崎線」ともいわれた。これまで触れてきたように、生糸や煉瓦、あるいはセメントなど、日本の産業発展に大きく貢献した歴史もある。

《《《「本線」以上に重要な「〇〇線」》》》

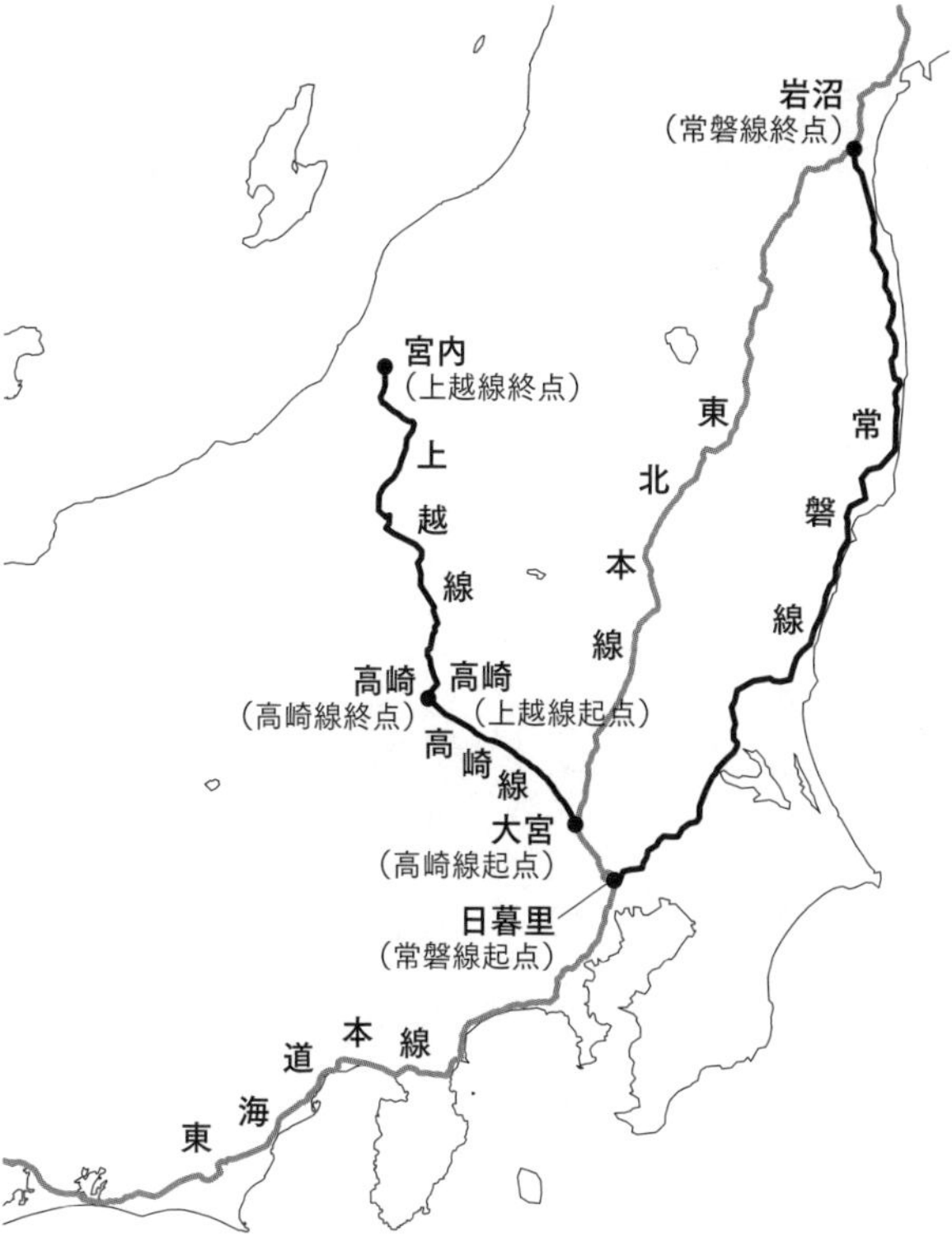

15 特急列車に乗っても特急券がいらないおトクな路線がある!?

特急列車に乗るには、乗車券とともに特急券が必要である。私鉄の場合は特急券が不必要な特急列車も走っているが、JRは原則として特急券を購入しなければ特急列車に乗ることはできない。ところが、普通乗車券だけで特急列車に乗ることができるという、利用者にとっては大変ありがたいJR路線がある。

正しくいうと、路線ではなく「特例区間」である。たとえば、北海道の南千歳駅から夕張駅を通り、日高山脈の東麓にある新得《しんとく》駅までをつなぐ全長132・4kmの石勝《せきしょう》線だ。炭鉱の路線として歴史が古く、1892（明治25）年の開業。その後、紆余曲折を経て、1981年に石勝線と命名され現在の路線ができた。このうちの新夕張—新得間が、普通乗車券だけで特急列車に乗れる「特例区間」だ。新夕張—新得間は占《しむ》冠《かっぷ》駅とトマム駅の2駅があるだけの、超過疎地を走っている路線である。新しく建設された路線だけにトンネルと橋梁が多く、踏切のないのが特徴でもある。

それにしても、なぜこの区間だけ特急券が不要なのだろうか。その理由は、この区間には普通列車がまったく走っていないからである。室蘭本線～函館本線～根室本線経由で大回りすれば、石勝線を利用しなくても新得駅まで行けないわけではないが、乗客の便宜を図るために特例を設けて、この区間だけ特急券を不要としたのである。

ただし、新夕張駅と新得駅で必ず下車しなければならない。両駅の前後の路線には普通列車が走っているからである。したがって、特例区間（新夕張―新得）外にまたがって乗車した場合は特急料金が必要になる。

宮崎空港線の宮崎―宮崎空港間（6・0㎞）、奥羽本線の新青森―青森間（3・9㎞）、佐世保線の早岐《はいき》―佐世保間（8・9㎞）も、特急券が不要な特例区間である。これらの路線は乗車区間があまりにも短いこと、ターミナル駅と市の中心部とを結ぶアクセス路線であることなどの理由から、利用客の便宜を図って特例区間になっている。かつては、津軽海峡線の蟹田―木古内間も特例区間だったが、北海道新幹線の開業に伴って特例区間は廃止され、特急券が必要となった。

第6章

列車の混雑率と乗車率はどうちがう?

鉄道用語の謎　おもしろ雑学

1 平均速度と表定速度はどう違う？

速度とは、人や乗物などが単位時間当たりに進む速さの度合いをいい、時速、分速、秒速などで表される。列車の速さは時速（km／h）で表しているが、しばしば「表定速度」という用語を使うことがある。正式名は「運転時刻表制定速度」だ。あまり馴染みのない用語だが、表定速度を平均速度と同じ意味だと認識している人が少なくない。実際に、表定速度と平均速度がまったく同じになることもあるが、必ずしも、表定速度＝平均速度ではない。

表定速度は出発駅から到着駅までの距離（走行距離）を、所要時間で割った速度をいう。たとえば、A駅からE駅まで120kmあったとする。所要時間が2時間であれば、120（km）÷2（時間）＝60、したがって、表定速度は60km／hということになる。ただし、これはA駅からE駅までノンストップで走行した場合の速度である。

もし、途中にB、C、Dの3つの駅があり、それぞれの駅に停車して所要時間が2時間であった場合は、表定速度は60㎞／hだが、平均速度は60㎞／hより速くなる。というのも、平均速度は走行距離を、停車時間を除いた所要時間で割った速度だからである。B、C、Dの3駅にそれぞれ10分ずつ停車したとしたら、平均速度は120（㎞）÷1・5（1時間30分）＝80（㎞／h）ということになる。このように、表定速度は平均速度と同じになることはあっても、表定速度が平均速度を上回ることはない。

日本初の蒸気機関車は、新橋—横浜間29㎞を53分で走った。時速は32・8㎞だった。だが、この数値は平均速度ではなく、表定速度だったはずである。平均速度は29㎞を、品川、川崎、鶴見、神奈川の4駅で停車した時間を53分から差し引いた所要時間で割った数値ということになる。もし信号で停車したとしたら、その停車時間も差し引かなければならない。品川、川崎、鶴見、神奈川の4駅に3分ずつ停車したとしたら、その分の停車時間を差し引いた所要時間は53分−（3×4）＝41分。平均速度は42・4㎞／hで、表定速度より9・6㎞／h分速いことになる。

2 列車の輸送力と輸送量はどう違う？

鉄道は人や物を輸送することを使命としている。いかに速く、そしていかに多くの人や物を目的地まで輸送することができるかで、その路線と列車の真価が問われる。列車および路線にはどれだけの輸送力があるのか、どれだけ輸送しているのか、それが評価の基準になるが、大量輸送と高速輸送、さらに定時輸送を兼ね備えた新幹線が、鉄道の部門では最も優れた輸送機関だといえるだろう。

そこで指標となるのが、輸送力と輸送量である。よく似た言葉なので混同しやすいが、輸送力とは、どれだけの人（旅客）と物（貨物）を輸送することができるのか、つまり「どれだけ運べるか」である。単位時間内に運行される列車本数と、列車の乗車定員を掛け合わせた数値で表される。この場合の乗車とは5章8項で述べたサービス定員のことである。輸送力と輸送量は鉄道以外の交通機関でも指標となる。

輸送力に対して、輸送量とは実際に輸送した旅客数と貨物の重量をいう。「どれだけ運んだか」である。輸送量で使われる単位が「人《にん》キロ」と「トンキロ」だ。輸送した旅客の人数と距離をかけたものが人キロで、1人の旅客を1km運べば1人キロ、1000人を20km運べば20000人キロとなる。トンキロは貨物のトン数とその貨物を輸送した距離をかけたもので、10トンの貨物を50km運べば500トンキロだ。

輸送力と輸送量は、単位を同じにして比べることができる。この2つの数字が等しいのが理想だが、現実には大きな隔たりがあるケースが多い。たとえば、山手線の上野―東京間の1時間における輸送力と輸送量では、輸送力が約4万5000（人／時）で輸送量が約6万5000（人／時）である。大都市圏の鉄道は、ほぼ輸送量が輸送力を大きく上回る。そこで、鉄道会社は混雑を緩和するため、運転間隔を短縮して列車の運行本数を増やしたり列車を長大化させたりして、輸送力の増強に取り組むことになる。一方、1車両に数人しか乗っていないようなローカル線では、輸送量は輸送力を大きく下回る。この場合は本数を減らすこともあるが、沿線住人の足を確保する必要性からそれ以上の対策はなかなか難しい。

3 列車の混雑率と乗車率はどう違う？

列車にどれだけの人が乗っているのかを表す指標として、混雑率や乗車率という用語がある。混雑率は主に通勤列車の混み具合を表すときに使い、車両の定員の旅客が乗って運行されているときに、混雑率１００％となる。これまでに述べたように、定員は座席数ではなく立席も含めた数をいう。たとえば、２０１５年から運行が開始された山手線車両Ｅ２３５系０番台11両編成の定員は１７２４名であり、この数の旅客が乗っている場合に混雑率１００％となる。

また、前項で説明した輸送量を輸送力で割った割合も混雑率として表される。１時間当たり４万５０００人の輸送力の区間で６万５０００人の輸送量があった場合は、混雑率１４４％だ（６５０００÷４５０００）。

これに対して、乗車率は主に特急や急行など、座席指定車の混み具合を表すときに使う。すべての座席に乗客が座っている状態が、乗車率100％である。したがって、座席指定車の場合、乗車率が100％を超えることはない。ただし、北海道・東北新幹線の「はやぶさ」と「はやて」、秋田新幹線の「こまち」、北陸新幹線の「かがやき」は全車両が指定席で、満席のときに立席特急券が発売されることもあるので、その場合は乗車率が100％を超える。

よく年末年始やゴールデンウィークなどで「東海道新幹線の乗車率が200％を超えました」などと報道されることがあるが、これは乗車人数の制限のない自由席車両の旅客を合わせた乗車率ということになる。

集中率という用語もある。集中率とは最も混雑する1時間の輸送量（旅客数）を、終日の輸送量（旅客数）で割った数値である。これによって、朝のラッシュ時にどれだけの乗客が集中しているかを知ることができる。集中率は低いほうがいい。目安として集中率が30％を超えるような路線は、ラッシュ時には非常に込み合っており、集中率20％以下の路線はラッシュ時も日中も平均して利用されている。言い換えれば、一日中混雑しているか一日中乗客が少ないかのいずれかだろう。

4

東海道新幹線の運賃は、実際の距離より水増しされている!?

鉄道の運賃は、各路線の駅から駅までの距離が算定基準になっている。本来は、実際の距離に基づいて運賃は算定されるべきだが、必ずしもそうなってはいない。

実際の距離を「実キロ」といい、これに対して「営業キロ」がある。営業キロは運賃を算定するための根拠となるが、実キロと営業キロは必ずしも同じではない。ローカル線など採算の取れない路線などでは、キロ数を割り増しして、営業キロとしている場合もあるからだ。また、駅が移転しても、駅間のキロ数はそのままというケースもある。なお、キロ数の基準点は「停車場標」の位置と定められており、駅長室の中心ではない。停車場標は線路の近くに「停車場中心」などと示されていることがある。

東海道本線と東海道新幹線の関係が、まさにこれに当たる。東海道本線の東京―新大阪間の実キロは552・6㎞で、この数字がそのまま営業キロになっている。東海道新幹線の東京—新大阪間の実キロは515・4㎞で、東海道本線より37㎞短いのだが、運賃は在来線の営業キロで算出されている。つまり、東海道新幹線は37㎞分の運賃を余分に払わされていることになる。東海道新幹線は在来線である東海道本線のバイパスとして建設されたものなので、運賃は在来線と同じ営業キロで算出する。これがJRの言い分だ。しかし、もし在来線より東海道新幹線の実キロのほうが長かったとしたら、このような料金設定をしたかは、はなはだ疑問だ。

「換算キロ」と「擬制キロ」という算定基準もあるが、これはローカル線など不採算路線の救済措置として設けられた制度で、営業キロに賃率比（1・1）を掛けた数値が換算キロと擬制キロである。JRの鉄道路線には、幹線（普通の路線）と地方交通線（ローカル線）がある。換算キロはJRの本州3社と北海道の幹線と地方交通線を、連続して乗車する場合の運賃の算定に使うもので、地方交通線の区間にのみ換算キロを採用している。擬制キロは、四国と九州の地方交通線のみを乗車した場合の運賃の算定に使う。ほかに「運賃計算キロ」もある。また、JRの運賃は全国一律ではなく、各地域、各路線の事情を考慮して設定されているのでかなりややこしい。

5 マニアックだからおもしろい、列車番号と車両番号

道路上を走っている自動車には、必ずナンバープレート（自動車登録番号標）が装着されている。誰が所有している自動車であるか、それを特定する必要があるからである。原則として車の前部と後部に、ナンバープレートの装着が義務付けられている。

これと同じように、レールの上を走る鉄道の列車にも、必ずナンバーが付けられている。「列車番号」と呼ばれるもので、どの路線を走っている列車でどういう種類の列車であるかを識別するために必要だからである。乗客には関係なくとも、鉄道会社や路線にとって、列車を特定できなければ、運行業務が遂行できない。

列車番号は、在来線の箱型の車両であれば、先頭車両正面に行先とともに表示されることが多い。あるいは、駅の業務放送で流れたり、「JR時刻表」などにも記載されていたりする。

ＪＲの列車番号は「１Ｍ」「８６Ｄ」「８３１Ｍ」「１５４７Ｅ」といった1～4桁の数字とアルファベット1文字からなる。付番方法はよほどのマニアでなければ覚えられるものではないが、数字部分については、前述したように上り路線は偶数、下り路線は奇数で表される（例外もある）。英字部分では、Ｍは電車、Ｄはディーゼル車を表し、同時に、Ｇは山手線、Ｂは京都線といったように、概ねの路線も表す。各路線で同じ番号の列車が走るのは1日1便だが、たとえば「１Ｍ」が「あずさ1号」や「ひたち1号」などいくつもあるように、同じ列車番号が複数存在する。

列車番号が列車全体につけられた番号であるのに対し、車両番号は車両ごとに番号がつけられたものである。整備する必要がある場合、列車番号だけではどの車両であるかを特定できないので、車両番号が必要になる。10両編成の列車には、異なる１０種類の番号がつけられている。たとえば、「クモハ１０１−１８０」だとしたら、ク（制御車）モ（電動車）ハ（普通車）１（電気）０（一般形）１（開発順）１８０（製造番号・車台）などを意味する。列車番号が運行管理に必要な番号であるのに対し、車両番号は保守整備には欠かせない番号である。

6 切符と乗車券はどう違う？

かつて、切符を買うということが当たり前だった時代、「切符を買う」とは言っても「乗車券を買う」とは、なかなか言わなかったのではないか。しかし、誰もが切符＝乗車券と信じて疑わないだろう。本当に、切符と乗車券は同じなのだろうか。

切符は乗車券よりも意味が広い。競技大会などへの出場資格を獲得したとき、「切符を手に入れた」というし、交通ルールを無視すると切符を切られる。切符を英語で言えば「チケット」だから、劇場や博物館などの入場券も切符と呼んでいい。

しかし、「だから切符と乗車券は違う」というつもりはない。鉄道関係用語としても、切符は乗車券よりも意味が広いのだ。その証拠に、ＪＲ東日本のサイトを見てみればいい。「きっぷの種類」として、「乗車券＝普通乗車券、定期乗車券、回数乗車券、(他)、特急券、グリーン券、指定席券」などと表示されている。つまり、切符は乗車券、特急券、指定席券などの、列車に乗るうえで必要な諸々の「券」をいい、乗車券は切符のうちの運賃に相当するものをいうのだ。

さらに、「きっぷの種類」とあるように、「切符」ではなくて「きっぷ」とひらがなで表示されていることに注目してほしい。本人が乗車にかかわる切符のほか、手回り品切符というのもある。チッキ（託送手荷物）やペット、輪行袋（2011年から無料）を車内に持ち込む場合は手回り品切符を買わなければならない。また、手荷物を駅に預けると、一時預かり切符が渡される。このような切符も切符の範囲に入り、JRではこれらを区別するために、乗車券等の切符のことを「きっぷ」と表示しているのである。「青春18きっぷ」「トクトクきっぷ」「フリーきっぷ」「割引きっぷ」など、すべてひらがな表記である。「きっぷ」表示はほとんどの私鉄でも共通している。

さて、明治初期に日本で初めて鉄道が走った頃は、乗車券のことを「手形」とか「切手」と呼んでいた。それから10年ほど経ってから「切符」という言葉が登場し、「乗車券」という言葉が使われるようになったのは、それからさらに数年経った後のことらしい。用語としては、乗車券より切符のほうが古いのである。

7 自動車の検査は車検、列車の検査は何という？

動力で動く乗物は、日常の点検整備を怠ると事故の原因になる。公共性が高く、多くの人が利用する鉄道は、特に入念な点検整備が必要である。そこで、各車両に対し定期的な検査を行うことが法律で定められている。鉄道会社や車両によって名称や点検期間などいろいろなパターンがあるが、基本は以下の4つ。規模の小さい、すなわち点検期間の短いほうから、仕業検査、交番検査、重要部検査、全般検査である。

仕業検査は、ブレーキ装置、標識灯、合図装置など主要部分を、車体を分解せずに行う検査をいう。「列車検査」と呼ぶ鉄道会社もある。モーターを搭載した車両＝電車（ＥＣ）の場合は3～6日、客車（ＰＣ）では10日程度期で行われる。

次が交番検査。２００２年3月施行の国土交通省「鉄道に関する技術上の基準を定める省令」によって鉄道の技術基準が改められることになり、同省令では交番検査に当たる検査を状態・機能検査と名付けている。交番検査も車体は分解しないが、仕業検査よりは細かく、集電装置、主電動機、補助回転機、制御装置など、カバーを取り外すなどして行われる。およそ90日周期で行われる。

重要部検査からは、車体を解体して行われる。動力装置、走行装置、ブレーキ装置ほか重要装置に対し、入念に検査・修繕される。要部検査とも呼ばれ、4年または走行距離60万kmという周期が多い。

規模の最も大きな検査が全般検査で「全検」とも呼ばれる。車両のすべての主要部分や機器類を取り外し、細部にわたって検査するもので、新品同様の「オーバーホール」を基本としている。周期は8年だが、結局、4年ごとに重要部検査と全般検査を繰り返して行うことになる。

以上は在来線の場合だが、新幹線では重要部検査相当を台車検査と呼ぶ。周期は東海道新幹線の場合（N700系など）、仕業検査が概ね2日、交番検査が45日または走行距離6万km以内、台車検査が18カ月または走行距離60万km以内、全般検査が36カ月または走行距離120万km以内となっている。

8

「千鳥停車」「運転停車」ってどんな停車？

鉄道で停車とは、列車が運転中に停止することをいう。一口に停車といっても、緊急停車、臨時停車、一時停車、各駅停車、特別停車、千鳥停車、選択停車、運転停車など、いろいろな種類の停車がある。文字からどのような停車をいうか見当のつく停車と、さっぱりわからない停車がある。

意味不明な停車が「千鳥停車」だ。千鳥格子は一見、白と黒のチェック模様のようだが、よく見ると、千鳥かどうかはともかく鳥が飛んでいるような織物の柄をいう。また、酔っ払いなどが左右の足を交差させるかのようによろよろと歩くことを、千鳥の歩き方に見立てて千鳥足という。前者の「一つ置き」と、後者の「不規則な」の意味を合わせたような停車が千鳥停車だ。

特急などの優等列車がすべて停まる停車駅では、乗客の乗り降りに時間がかかって、ダイヤの乱れを招く恐れがある。そこで、ラッシュ時に停車駅を分散させ、特定の駅が混雑することを防ぐ運行のことを千鳥停車という。

具体的には、「○○快速」はA駅とC駅に停車しB駅とD駅は通過するが、「××準急」はA駅とC駅を通過し、B駅とD駅に停車するというケースである。実例としては、阪神電車で神戸方面から梅田方面に向かう場合、区間特急は魚崎駅から東に向かって香櫨園《こうろえん》駅までは各駅で停まるが、次の西宮駅には停車しない。しかし、直通特急や阪神特急は香櫨園駅には停車せず、西宮駅には停車する。西武池袋線で所沢から池袋に向かう場合、通勤急行は所沢駅・東久留米駅・保谷駅・大泉学園駅・石神井公園駅に停まるが、快速急行や急行は、所沢駅・ひばりヶ丘駅・石神井公園駅に停まる。

千鳥停車は通勤時の混雑緩和になる一方で、列車を乗り間違えたことで降りるつもりの駅を通過した、という危険性もある。千鳥停車のことを「選択停車」ともいう。

「運転停車」も意味不明だ。これは、駅に停まっても旅客が乗り降りしない停車のことをいう。だからドアは開かない。ケースとしては、列車の行き違い、乗務員交替、時間調整、機関車の付け替えなどのためだ。信号場での停車も運転停車である。

9 「ボトルネック踏切」とはどのような踏切をいうの？

ボトルネックとは、瓶の首のように急に細くなっているため、あるいは、何らかの支障があるため、スムーズに流れなくなる箇所のことを指す。道路交通でいうと、3車線から2車線に減少する箇所では大渋滞が発生する可能性が高い。また、高速道路では上り坂の入り口で運転が無意識に減速となる箇所で渋滞が生まれる。

鉄道は専用スペースを定時運行しているので、鉄道側に大事故が起きない限り、道路交通に影響を及ぼすことはまずない。しかし、専用スペースと道路が交差するところ、すなわち踏切が大きな影響を及ぼす。踏切は運行安全上で最も危険なポイントであるとともに、交通渋滞を引き起こす原因にもなる。

大都市やその近郊を走る路線では、列車が頻繁に走っているので、踏切が閉まっている時間が長い。いわゆる「開かずの踏切」だ。開かずの踏切には定義もあって、国土交通省は「ピーク時間の遮断時間が1時間当たり40分以上の踏切」としている。開かずの踏切は交通のボトルネックとなることから、「ボトルネック踏切」という言葉が生まれた。大都市周辺にはボトルネック踏切がいたるところに存在している。

ボトルネック踏切には、「自動車ボトルネック踏切」と「歩行者ボトルネック踏切」がある。自動車ボトルネック踏切は、1日当たりの踏切自動車交通遮断量が5万以上の踏切をいう。踏切交通遮断量は「交通量×遮断時間」で表される。たとえば、1日当たりの自動車の通行量が1万台だとすると、踏切の遮断時間が5時間以上であれば、自動車ボトルネック踏切ということになる。歩行者ボトルネック踏切は、1日当たりの踏切自動車交通遮断量と踏切歩行者等交通遮断量の和が5万以上で、かつ、踏切歩行者等交通遮断量が2万以上の踏切をいう。踏切の歩道部分が狭く、通過する歩行者や自転車がスムーズに流れない踏切が、歩行者ボトルネック踏切になりやすい。

ボトルネック踏切をなくすには、道路と鉄道の立体交差化、具体的には、鉄道を高架化もしくは地下化するか、道路を跨線橋やアンダーパスにするしかない。歩行者ボトルネック踏切では、歩行者のみの跨線橋や地下道を設営することで解消できる。

10 モノレールやゆりかもめ、ユニークな特殊鉄道あれこれ

鉄道事業と軌道事業を一緒にして、普通鉄道と特殊鉄道に分けることができる。JRや私鉄、地下鉄、市電、貨物鉄道が普通鉄道で、それ以外が特殊鉄道。言い換えれば、2本の鉄のレールの上を走るのが普通鉄道である。

国土交通省では、特殊鉄道を跨座《こざ》式鉄道、懸垂式鉄道、案内軌条式鉄道、浮上式鉄道、鋼索《こうさく》鉄道、索道、無軌条電車に分けている。それぞれ堅苦しい名前がついているが、具体的な交通機関を挙げればわかりやすい。

跨座式鉄道も懸垂式鉄道もモノレールのことだ。跨座式鉄道は1本のレールに「跨《また》が」って運転する形態のモノレールで、お馴染み東京モノレール（鉄道）、立川と多摩センターを結ぶ多摩モノレール（軌道）、那覇市内や那覇空港を走る沖縄都市モノレール（軌道・愛称「ゆいレール」）、東京ディズニーリゾートを走る舞浜リゾートトラ

イン（鉄道）、大阪空港（伊丹空港）から万博記念公園、門真市などをつなぐ大阪モノレール（軌道）、小倉駅から南に延びる北九州モノレール（軌道）が該当する。

懸垂式鉄道は空中に架設されたレールに、車体がつり下げられる形で運転する形式のモノレールをいい、千葉駅から海側や郊外に延びる千葉都市モノレール（軌道）、江の島と大船を結ぶ湘南モノレール（鉄道）が該当する。

案内軌条式鉄道とは、走行スペースの中央や壁面に備え付けられた案内軌条に沿って、ゴムタイヤで走る輸送システムをいう。このうち、札幌市営地下鉄は札幌冬季オリンピックを前に、1971年12月に開業した。札幌の地下鉄は区分上、普通鉄道ではなく特殊鉄道なのである。路線に勾配の大きい箇所があることから、登坂能力に優れたゴムタイヤを採用、本格的なゴムタイヤ式として注目を集めた。ゴムタイヤ式はほかにも騒音が少ない、制動距離が短いため密度の高い運行が可能という長所がある一方、維持費がかかる、凍結の影響を受ける、他の路線との乗り入れが困難、という短所がある。

そのほかの案内軌条式鉄道には、ご存じのゆりかもめ（鉄道・軌道）、大宮駅から上越新幹線の高架を併用して北に延びる埼玉高速鉄道（鉄道・愛称「ニューシャトル」）、八景島や金沢八景を走る横浜シーサイドライン（軌道）、六甲ライナーとポートライナーの2線を持つ神戸新交通（軌道・鉄道）、広島高速鉄道（軌道・鉄道・愛称「アストラムライン」）などがある。

浮上式鉄道とは、主に磁気を利用して車体を浮上させて運転する鉄道のことをいう。つまり、リニア方式である。案内軌条式鉄道と浮上式鉄道を合わせた「新交通システム」という区分けもされる。

鋼索鉄道は、車両に鋼索（ケーブル）を取り付けて、上からウインチで巻き上げて運行させる鉄道のことで、簡単にいえばケーブルカーだ。日本最初のケーブルカーは、1918（大正7）年に奈良県生駒市の宝山寺《ほうざんじ》付近から、生駒山《いこまやま》頂までをつないだ生駒鋼索鉄道（現近鉄生駒鋼索線）だといわれる。このほか、索道はロープウェイやゴンドラ、リフトのことをいう。無軌条電車とはトロリーバスのことで道路の上に架線を設け、そこから電気を取って走らせるバスをいう。

こうして見れば、普通の鉄道以外にも実に多彩な鉄道があるものである。

《《鉄軌道事業者数・営業キロ》》

（2012年 7 月末）

		鉄道		軌道	
		事業者数	営業キロ計	事業者数	営業キロ計
普通鉄道	JR	6	20135.3		
	大手民鉄	16 ＊1	2859.7	4(4)	42.1
	準大手	5 ＊2	109.9		
	公営	8(1)	364.5	6(2)	184.3
	中小民鉄	115(2)	3517.2	13(5)	122.1
	貨物鉄道	12	8413.7		
モノレール（懸垂式・跨座式）		4(1)	29.7	6	82.2
新交通システム（案内軌条式・浮上式）		9(5)	82.5	8(3)	77.1
鋼索鉄道		21(7)	22.5		
無軌条電車		2(1)	9.8		
合計		198(7)	35544.8	37(14)	507.8

出典）国土交通省「鉄軌道事業者一覧」

※事業者数の（　）は他の区分との重複。たとえば、鉄道－公営「8(1)」の(1)は大阪市（当時）で、大阪市は軌道－公営「6(2)」の 6 として数えられている。

＊1　東武鉄道、小田急電鉄、相模鉄道、京阪電気鉄道、西武鉄道、東京急行電鉄、名古屋鉄道、阪急電鉄、京成電鉄、京浜急行電鉄、近畿日本鉄道、阪神電気鉄道、京王電鉄、東京地下鉄、南海電気鉄道、西日本鉄道

＊2　新京成電鉄、山陽電気鉄道、北大阪急行電鉄、泉北高速鉄道、神戸高速鉄道

【参考文献】

『世界大百科事典』（平凡社）、『ブリタニカ国際大百科事典』（ブリタニカ・ジャパン）、『JTB時刻表』（JTB）、『鉄道運輸年表』（JTB）、『日本の鉄道120年の話』沢和哉（築地書館）、『日本の鉄道ことはじめ』沢和哉（築地書館）、『鉄道のすべてがわかる事典』川島令三・岡田直（PHP研究所）、『鉄道なるほど雑学事典』川島令三（PHP研究所）、『東海道新幹線30年』須田寛（大正出版）、『鉄道の歴史がわかる事典』浅井建爾（日本実業出版社）、『数字でみる鉄道』（国土交通省鉄道局）、『最新基本地図』（帝国書院）、『日本地図』（国際地学協会）、国土交通省鉄道局の資料およびホームページ、JR東日本・JR東海・JR西日本のホームページ

本書は、本文庫のために書き下ろされたものです。

浅井建爾（あさい・けんじ）
1945年愛知県生まれ。地理、地図研究家。日本地図学会会員。子供のころから地図に興味を持ち、二十代のときに自転車で日本一周を完遂。
ベストセラーになった『日本全国「県境」の謎』のほか、『「県境」&「境界線」の謎』『地図に隠れた日本の謎』（以上、実業之日本社）、『東京の地理と地名がわかる事典』（日本実業出版社）、『ほんとうは怖い京都の地名散歩』（PHP研究所）、『誰かに教えたくなる道路のはなし』（SBクリエイティブ）、『日本全国境界未定地の事典』（東京堂出版）、『東京23区境界の謎』（自由国民社）、『ビジュアル 都道府県別 日本の地理と気候〔全3巻〕』（ゆまに書房）、『日本の地名 おもしろ雑学』『日本の駅名 おもしろ雑学』（以上、三笠書房《知的生きかた文庫》）、『教養としての日本地理』（エクスナレッジ）など著書多数。

知的生きかた文庫

読《よ》めば読《よ》むほどおもしろい　鉄道《てつどう》の雑学《ざつがく》

著者　浅井《あさい》建爾《けんじ》
発行者　押鐘太陽
発行所　株式会社三笠書房
〒一〇二-〇〇七二　東京都千代田区飯田橋三-三-一
電話〇三-五二二六-五七三四〈営業部〉
〇三-五二二六-五七三一〈編集部〉
https://www.mikasashobo.co.jp
印刷　誠宏印刷
製本　若林製本工場

ISBN978-4-8379-8733-8 C0130